股权36计

刘育良　舒心◎著

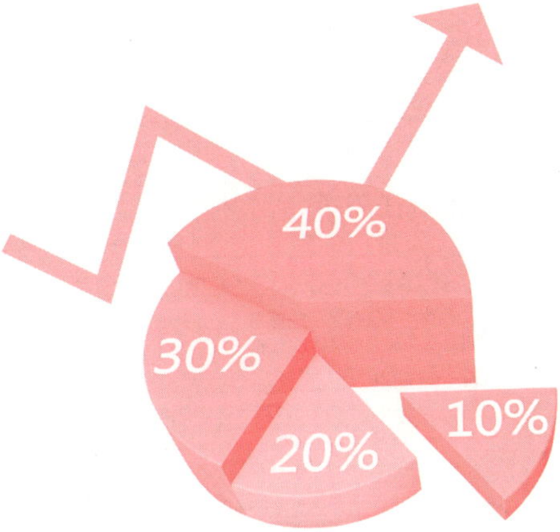

中华工商联合出版社

图书在版编目（CIP）数据

股权36计 / 刘育良，舒心著．—北京：中华工商联合出版社，2020.11

ISBN 978-7-5158-2874-9

Ⅰ．①股… Ⅱ．①刘… ②舒… Ⅲ．①股权管理—研究 Ⅳ．① F271.2

中国版本图书馆CIP数据核字（2020）第206775号

股权 36 计

作　　者：刘育良　舒　心
出 品 人：李　梁
图书策划：陈龙海
责任编辑：胡小英　马维佳
装帧设计：王玉美
责任审读：郭敬梅
责任印制：迈致红
出版发行：中华工商联合出版社有限责任公司
印　　刷：三河市九洲财鑫印刷有限公司
版　　次：2021 年 1 月第 1 版
印　　次：2021 年 1 月第 1 次印刷
开　　本：710mm × 1020mm　1/16
字　　数：164 千字
印　　张：15
书　　号：ISBN 978-7-5158-2874-9
定　　价：59.80 元

服务热线：010—58301130—0（前台）
销售热线：010—58302977（网店部）
010—58302166（门店部）
010—58302837（馆配部、新媒体部）
010—58302813（团购部）
地址邮编：北京市西城区西环广场 A 座
19—20 层，100044
http://www.chgslcbs.cn
投稿热线：010—58302907（总编部）
投稿邮箱：1621239583@qq.com

序言

PREFACE

股权认知升级

一个创业者什么都没有，他唯一拥有的，就是他的股权。股权是创业者的刚需，是每一个创业者100%的资产。

徐小平认为："创业的目的不就是为了股权吗？"股权是如此的稀缺、珍贵。然而，我们不知如何运用股权，遇到了无数的问题和困惑，也无人应答。现实情况是，创业者注册公司之后，并没有人告诉他们，如何用股权融资；如何用股权融人才；如何用股权融资源；如何用股权去并购；如何将股权拆分；如何用1%的股份得到控制权。所有这一切，都需要创业者自学成才。

我曾写过一本《股动人心》，汇集了我十多年的咨询生涯之体悟。然而，这几年，随着咨询不断累积，我又产生了很多新的思考。正如王阳明所说："知之真切笃实处即是行，行之明觉精察处即是知。"

我曾经以为设计股权合伙方案最难，九定法则（定向、定人、定类、定时、定类、定规……），定得头昏眼花。后来我才明白，设计方案不难，难的是让合伙人认同并且真正出资。要让合伙人出资还是有方法和策略的，真正的难点是什么？难点在于“认同”，即交心，难的是合伙人身份的转变，行动的改变！

我曾经以为股权就是对外融资、对内激励，但事实上，我们需要运用股权打造一个价值共生体，上下游、客户、资金方、资源方，甚至同行，都在其中。

我们期望将体悟和洞见以更简洁有力的方式来表达，于是有了本书的诞生。感谢我的搭档舒心老师对本书的付出。舒老师一直奋战在咨询工作的第一线，与企业家同呼吸、共命运，有着丰富的实践经验。

通过阅读本书，你对股权将会有一个全面且深刻的认知，我们尊敬每一个拥有股权的创业者，希望本书能够支持你、帮助你，少踩几个“坑”，踏上股动人心的旅程，开启轻松的创业生涯。

你在经营上的成功，是管理能力的突破。你还需要具备多种能力：股权治理的能力、未雨绸缪的能力、高屋建瓴的能力、顶层设计的能力。马云在做黄页电话的时候，因为被并购，丧失了董事会的控制权。后来他痛定思痛，在阿里巴巴的创业过程中，仅用很少的股权就完全控制了董事会，这样就无须看大股东雅虎和二股东软银的脸色行事。

土豆网的创始人在创业的时候，首轮融资比例为30%，股权稀释过多、失血过多，导致后来被优酷网收购，像这种因为股权稀释过多而失败的例子还有很多。

一个初创公司不是一个技术公司，而是一台学习的“机器”！在失败的教训中，探索成功的方法。创业路上的各种股权问题，本书都能帮你解答。本书为一路艰辛奋斗的创业者所准备，希望创业者在历经创业的千难万险后，能够有点滴感悟！

刘育良

目录

CONTENTS

第三章　谋篇

第四章　法篇

第一章

势篇

《孙子兵法》十三篇，通篇说一个“势”字。“势”就是老鹰从长空中直降，抓住小鸟；“势”就是悬崖绝壁的飞瀑，飞流直下三千尺。因此，做事务必要顺势而为！

在做股权设计的时候，你有没有把握天时的“势”、人和的“势”、空间的“势”、合伙的“势”、生态的“势”、估值的“势”、融资的“势”、开放的“势”？没有把握大势，一切就是徒劳！

势有三个要旨，第一个，要发现“势”在何方；第二个，要懂得蓄积“势”；第三个，要将“势”转化为生产力。

图1-1　股权设计之“势”

第一节

股权第1计之天时计：中

时间是最大的变数，把握了时间，就把握了“中”之道，即天时之道。在不同的时期，企业的能量运用不一样，股权逻辑的运用也不一样。

在创业阶段，我们可以用注册股；在成长阶段，我们引进联合创始人，开始运用期权；当我们开始有了中、高级管理团队，可以运用虚拟股份；当我们开始裂变公司的时候，我们运用子公司的注册股份。

不同的时期，创始人所拥有的股权比例也是不一样的。在企业创业期，创始人要掌握绝对控制权，可以持有67%以上的股份；在企业成长期，创始人可以掌握51%以上的股份；在企业成熟期，创始人只要有三分之一以上的股份就可以了。

在不同的时期，我们要懂得运用不同的股权激励方式，同时掌握不同的股权比例。

图1–2为股权系统的三条生命线。

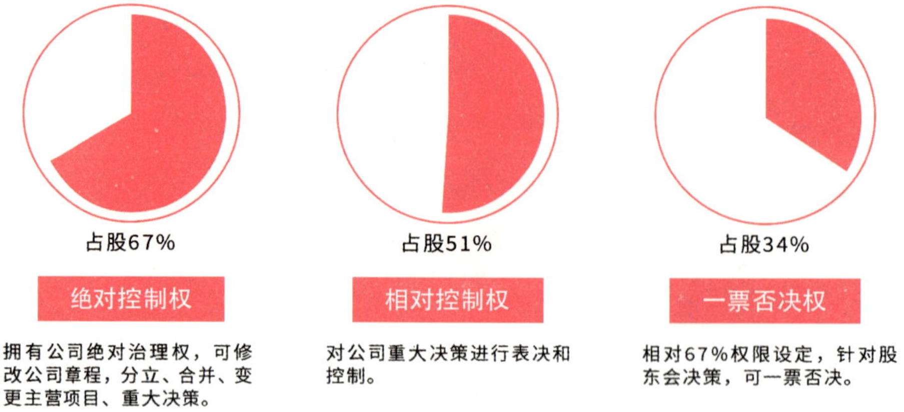

图1-2　股权系统的三条生命线

图1-3为股权系统的六条保障线。

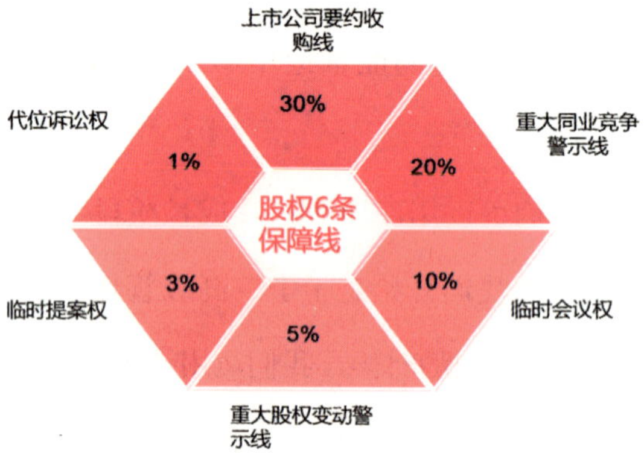

图1-3　股权系统的六条保障线

在创业初期，股权激励主要起到吸引人才的作用。比如，马云吸引了蔡崇信，吸引了“十八罗汉”；腾讯吸引了“五虎将”；俞敏洪用10%的股份吸引了徐小平。用股权激励吸引人才，可以降低公司现金流的支出，并且赋予企业未来发展的能量。

在企业发展中期，股权激励可减少职业经理人的短视行为，以防职业经理人缺少经营意识和成本管控意识，让职业经理人和公司成为命运共同体，起到约束人、留住人、激活人的作用。通过股权动态调整、与绩效评估挂钩，来激活人；通过竞业限制、纪律约定、价值观评估等各种规章制度来约束人。股东更要以身作则。

在企业发展的长期阶段，股权激励可以回馈老员工，让员工和企业成为精神共同体，同时通过股权分享打造出公司的品牌，再度吸引人才。股权激励更可以起到留住人的作用，将股权和工龄、年资、忠诚度挂钩。

这就是股权激励设计，在企业发展的不同阶段，所具有的不同价值。详见表1-1。

表1-1　××公司股权工龄系数

工龄	股权工龄系数
1年	1
2年	1.03
3年	1.06
4年	1.09
5年	1.12
6年	1.15
7年	1.18
8年	1.21
9年	1.24
10年及以上	1.27

第二节

股权第2计之人和计：聚

所谓“天时不如地利，地利不如人和”，正如雷军所说：“创业者70%的时间要去找人，找志同道合的人，股权拼图就是人才拼图。”如果你愿意出让50%的股份，分给每人五个点，那你就可以聚集十大高手，创业成功的概率也会大大提高。

因此，我们要更深层次地意识到“聚”即“人和”的价值，有人才有业绩。股权的意义其实是吸引和留住一批志同道合的人。那问题来了，我们需要什么样的人呢？

首先，你要明确公司的战略方法和战略方向是什么？

其次，根据战略来找你所需要的人才。

史蒂夫·霍夫曼是全球著名的投资人，来自硅谷的“创投教父”创业孵化器（Founders Space）的创始人，他如何来看待创业这件事情呢？他认为，创业需要四种人：第一种人为CEO，即领导人；第二种人是CTO，即首席技术官；第三种人是设计师，即能设计出让人感觉舒服又美观的产品的人才；第四种人是专家，即能解决某一特定方面的问题的人。

最后，再根据人才的价值、人才的级别和对企业的贡献，确定你要给的股数，详见表1–2。

表1–2 ××公司人才、级别、贡献股数系数

管理序列	职位	技术序列	职位	系数
M8	总经理			13
M7	副总	P7	首席技术官	10
M6	总监	P6	技术总监	7
M5	高级经理	P5	高级工程师	5
M4	经理	P4	工程师	3.6
M3	主管	P3	技术员	2.4
		P2	高级专员	1.5
		P1	专员	1

一个创业者什么都没有，他唯一的资产就是他100%的股权，这是他吸引人才最大的筹码。在匠言公司创业的时候，我们就请到了两位分公司总经理，同时也吸引了几位非常优秀的咨询师一起加盟。他们都是公司的联合创始人，都可以得到公司的股权和分红，因此他们干劲十足，工作起来也是热火朝天。

分股份就是要在物质和精神两方面满足你的伙伴！拥有财富，才有干劲；拥有成就感，才有尊严。

你持有的股权数量很多，其实是一件非常危险的事情。这意味着你要承担更大的责任，出更多的钱，但并不意味着你收获最多。蛋糕是越分越大，越切越多的。企业成功的核心要素之一，就是“创始人拥有少量股权”。

“拥有少量股权”，是分阶段达成的，并不是一次性分配完的。根据企业处于创业期、成长期还是成熟期，来逐渐释放你的股权。

企业成功还有一个很重要的因素：能够吸引到高手和你一起工作，归纳为五个字就是“低工资+期权”，如此才能吸引到卓越的人才。低工资恰恰是一个企业成功的核心，因为成本低，你才能更好地谋求企业的发展壮大。

如何做到“人和”？关于人才，创业者一般都会遇到三大问题：好人招不来、老人激不活、能人留不住。

1.好人招不来

门可罗雀，即使招来也多是能力较差的员工。因此，必须要招合伙人。永辉超市、阿里巴巴、小米等优秀企业在这方面做得比较好，他们都有联合创始人。

2.“老人”激不活

老员工积极性差，工作状态不积极。遇到这种情况，创业者该怎么办呢？

（1）转变老员工身份，股份决定身份，带来主人翁意识。

（2）动态合伙，带来奋斗意识。

（3）动态分红，带来敬业精神。

3.能人留不住

有点能力的员工爱跳槽，对于企业来说是很有损失的。企业培养员工这么久，刚培养成功，员工一转身就跳槽，企业等于是为他人做嫁衣了。

企业要想留住人才，可以用以下三招：

（1）投资增加转移成本。

（2）分红延迟支付。

（3）离职竞业限制。

第二招企业分红延迟支付原则，详见表1–3。

表1–3 分红延迟支付原则

支付原则	具体方法
55原则	1年分2次支付分红。 一般为春节支付50%，端午节支付50%。根据公司薪酬结构体系来具体设计。
433原则	分3年支付分红，适合支付金额高的企业。 第一年支付40%，第二年支付30%，第三年支付30%。
532原则	分3年支付分红，适合支付金额高的企业。 第一年支付50%，第二年支付30%，第三年支付20%。

案例：某外贸汽配公司分红延迟支付设计

我的团队曾经服务过一家汽配商贸公司。该公司专做外贸出口，主要面向南美、非洲等市场，其中南美事业部采用独立核算，事业部负责人的股权激励方式采用的是合伙机制。

公司在为事业部负责人做分红延迟支付时，采用的就是433原则。这个原则对南美事业部负责人的留任起到了极大的促进作用。一晃5年过去，这位事业部负责人将事业部的利润从150万元提到了300万元。详见表1-4。

表1-4　某外贸汽配公司分红延迟支付设计表

日期	合伙比例	合伙收益（元）	合伙收益比例（税前）					
			2016年	2017年	2018年	2019年	2020年	2021年
2015年	20%	30万	40%	30%	30%			
			12万	9万	9万			
2016年	25%	50万		40%	30%	30%		
				20万	15万	15万		
2017年	30%	90万			40%	30%	30%	
					36万	27万	27万	
2018年	30%	90万					40%	……
							36万	……
合计			12万	29万	60万	42万	63万	……

第三招离职竞业限制的协议，详见以下范本。

竞业限制协议

协议编号：__________

甲方：

住所地：

法定代表人：

职务：

电话：

乙方：

住址：

电话：

身份证号：

鉴于乙方已经知悉甲方重要商业秘密或者对甲方的竞争优势具有重要影响，为保护双方的合法权益，甲、乙双方根据国家有关法律法规，本着平等、自愿、公平、诚信的精神，经充分协商达成一致后，共同订立本合同。本合同的制订遵循如下原则：既要防止出现针对甲方的不正当竞争行为，又要保证乙方依法享有的劳动权利得到实现。

【协议正文】

第一条　甲乙双方的权利和义务

（一）乙方义务

1.未经甲方同意，在职期间不得自营或者为他人经营（包括投资于）与甲方同类的营业。

2.不论因何种原因从甲方离职，离职后______年内（自劳动关系解除之日起计算，到劳动关系解除______年后的次日止）都不得到与甲方有竞争关系的单位就职。

上述单位包括但不限于下列单位：同行业、与本公司有竞争关系且本公司认为已经成为或者可能成为竞争对手的各类企业。

3.不论因何种原因从甲方离职，离职后______年内（自劳动关系解除之日起计算，到劳动关系解除______年后的次日）都不得自办与甲方有竞争关系的企业或者从事与甲方商业秘密有关的产品的生产经营，上述与甲方有竞争关系的企业，主要指：与甲方重要商业秘密直接相关的、可能与甲方构成竞争关系的企业。

（二）甲方的义务

1.在乙方按照正常流程离职时，向乙方支付一定数额的竞业限制补偿费。

第二条 违约责任

（一）乙方的违约责任

1.乙方不履行本协议第一条第（一）款规定的义务，应当承担违约责任，一次性向甲方支付________万元作为违约金，乙方因违约行为所获得的收益应当归还甲方。

2.因乙方违约行为给甲方造成损失的，乙方应当承担赔偿责任（如已经支付违约金的，应当予以扣除）。

3.前项所述损失赔偿按照如下方式计算：

（1）损失赔偿额为甲方因乙方的违约行为所受的实际经济损失，计算方法是：因乙方的侵权行为导致甲方的学员数量下降部分的总金额及因乙方导致的客户退费。

（2）如果甲方的损失依照上述计算方法难以计算，损失赔偿额为乙方因违约行为所获得的全部收入。

（3）甲方因调查乙方的违约行为而支付的合理费用，应由乙方另行支付。

（4）甲方因乙方违约行为导致诉讼而聘请律师的律师费及其他因诉讼产生的差旅费、通讯费等各项费用均由乙方承担。

（二）甲方违约责任

甲方不履行本协议第一条第（二）款所列义务，拒绝支付乙方的竞业限制补偿费的，以上所列对乙方的条款不受限制。

第三条　甲乙双方的权利义务终止

双方商定，出现下列情况之一的，本协议自行终止：

1.甲方书面承诺双方不必再履行本协议。

2.约定期限已经到达，双方没有续签本协议。

第四条　争议的解决办法

因履行本合同发生的争议，由争议双方协商解决。协商不成的，依法可以向合同签订地人民法院起诉。

第五条　其他事项

1.乙方接收甲方发放竞业限制补偿费的开户银行：____________，银行卡号：____________________________，开户人姓名：____________，若乙方单方面拒收竞业限制补偿费，算为自动放弃，但本协议条款不受影响，仍需执行。

2.本协议经双方法定代表或授权代表签字并加盖公章后生效。本协议一式两份，具有同等法律效力，甲乙双方各执一份。

3.本协议未尽事宜，可由双方补充约定后作为附件，与本协议具有同等法律效力。对本协议的变更应当以书面形式进行。

4.本协议属于创业合伙协议附件，与创业合伙协议具有同等法律效力。

5.本协议于______年____月____日在中华人民共和国________签订。

甲方：（盖章）　　　　　　　　乙方：（签字）

法定代表人（委托代理人）：（签字）

第三节

股权第3计之空间计：能

“能”，即空间指的是：一个创业者，如何来设计这个股权的发展空间，如何进行布局。空间即位差，位差带来能量。

一、公司布局

创业常见主体一般包括个体工商户、有限责任公司、个人独资企业。从股权发展角度，可以做超额分红、身股、虚拟股权，也可以自然人持股，也可以设计合伙企业。

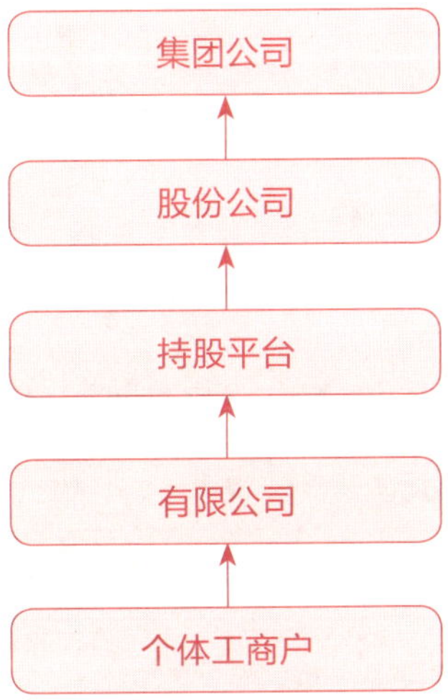

图1-4 股权激励常见公司发展

创业者最开始可以做个体工商户，这样无需交纳太多的税费；再往上发展，创业者可以设立一个有限公司；随着有限公司再往上发展，创业者可以做一个持股平台（有限合伙企业）；持股平台再往上发展，创业者可以做一个股份公司（注册资金500万）；股份公司发展壮大后，创业者可以创立一个集团公司（见图1–4）。

1.公司制与有限合伙企业

公司制与有限合伙企业的区别，详见表1–5。

表1–5　公司制与有限合伙企业的区别

	公司制	有限合伙企业
法律保护	《公司法》	《合伙企业法》
法人资格	具有独立法人资格，领取企业法人营业执照	不具有独立法人资格，领取合伙企业营业执照
治理结构	①股东会、董事会和监事会分权制衡的治理结构 ②股东会遵循一股一票与资本多数决议规则；董事会遵循一人一票及多数决议规则	执行事务合伙人对外代表合伙企业，执行合伙事物
公司资产	公司全部财产属于公司所有	合伙企业财产属于合伙人共有
债务责任	公司以其全部资产为公司债务承担连带责任	全体合伙人以其全部财产为合伙企业债务承担无限连带责任
决策规则	股东会一股一票与资本多数决议规则，章程另有约定除外	实行合伙人一人一票并经全体合伙人过半数通过原则，合伙协议另有约定除外
退伙原则	不存在退出，只存在转让	可退股
设立基础	章程	合伙协议
税务征收	征收企业所得税及个人所得税	征收个人所得税

2.公司主体

随着企业所处阶段的不同，所采取的公司主体是不一样的，这也意味着有不同的发展空间。不同主体公司的差别，详见表1–6。

表1–6 不同主体公司的差别

公司类型	注册资金	股东人数	成立条件	承担责任
有限责任公司	①取消有限责任公司最低注册资本3万元人民币规定 ②实行认缴制	2人以上，50人以下	①股东符合法定人数即由2个以上，50个以下股东共同出资设立 ②股东出资达到法定资本最低限额：以生产经营为主的公司需50万元以上人民币；以商品批发为主的公司需50万元以上人民币；以商品零售为主的公司需30万元以上人民币；科技开发、咨询、服务公司需10万元以上人民币 ③股东共同制定公司章程 ④有固定的生产经营场所和必要的生产经营条件	以注册资本承担有限责任
股份有限公司	①取消最低注册资金为500万元人民币的限制 ②实行认缴制	2人以上，200人以下	①设立股份有限公司，应当有5人以上为发起人，其中须有过半数的发起人在中国境内有住所。国有企业改建为股份有限公司的，发起人可以少于5人，但应当采取募集设立方式 ②股份有限公司发起人，必须按照法律规定认购其应认购的股份，并承担公司筹办事务	对公司承担有限责任
个人独资企业	不低于10万元人民币	1人	提供名称、地址、经营范围、注册资本和投资人的身份证明文件。投资者必须有且仅有一个自然人（不能是法人，如果是法人只能成立一人有限公司），需要有必要的从业人员	出资人以其个人财产依法对企业债务承担无限责任

续表

公司类型	注册资金	股东人数	成立条件	承担责任
合伙企业	合伙企业或者一人公司，这种公司的级别比工商户高，比有限责任公司低，申请的时候不需要出具注册资本	普通合伙企业由普通合伙人组成；其中普通合伙人人数在2人以上；有限合伙企业由至少1个普通合伙人和至少1个有限合伙人组成，人数在50人以下	合伙企业的成立需要2个以上的合伙人。依照合伙协议出资，不用验资到位	合伙企业如果是“普通合伙企业”，那么承担的就是无限责任；如果是“有限合伙企业”，就有两种合伙人组成：“普通合伙人”和“有限合伙人”，“普通合伙人”承担的是无限责任；“有限合伙人”承担的是有限责任
个体工商户	个体户不是公司法人，不需要注册资金，是个人承担无限责任	1人	名称、注册地址、经营范围、注册资本，负责人的身份证明文件。以个人或者家庭作为投资者，一人只能注册一家个体户。个体户的名称当中不能有“公司”二字。 ①有经营能力的城镇待业人员、农村村民以及国家政策允许的其他人员，可以申请从事个体工商业经营 ②申请人必须具备经营项目所需的资金、经营场地、经营能力及业务技术	承担的责任是无限连带责任

3.有限责任公司和股份公司

股东人数50人以下的有限责任公司和非上市的股份公司，在法律上有什么区别呢？

从公司的角度来说，有限责任公司更多体现人合，而股份公司体现在资合即资本合，股东之间是可以不认识的。

（1）法律规定有限责任公司股东对外转让股权的时候，需要股东会同意，而且原股东有优先受让权；公司增资时，原股东也有优先认购权。股份有限公司则不然，股东对外转让股份的时候，股东没有优先受让权，对公司增资也没有优先认购权。

（2）股份有限公司的资产被化为股，一般每股面值1元，注册资本称为股本。股东根据每一个股份享有的表决权是同股同权的。有限责任公司则考虑了公司的人合，比如，允许股东不按出资比例进行利润分配，表决权都可以在章程中做特别的约定，也就是说，有限责任公司有更多的自治权。

（3）有限责任公司的计算基础是表决权的总数，例如：某有限责任公司和股份公司注册资本为3000万元，就一项关于增资的议案进行股东会表决，出席会议的股东是持有1800万股份的股东。假如这些股东全部投了赞成票，有限责任公司实际上赞同率只达到了60%，没有达到三分之二的多数赞成票，因此，提案没有获得通过。

而股份有限公司表决权在于股东。只要出席会议的股东，所持表决权全部赞成，提案就可以通过。

（4）因为股份公司的结构非常分散，为了中小股东的利益考虑，持有股份达3%以上的股东，可以在股东大会召开10日前提交临时提案给董事会，而后董事会要做出回应；而有限责任公司则没有相关规定。

4.公司注册地

公司注册所在地尤为重要，意味着发展和经营空间的不同。

在新疆注册公司，可以免缴企业所得税，还可以返还50%的个人所得税，不管是分红还是发工资，都可以免缴个人所得税。

很多省份的开发区有补贴政策，如在青岛补贴区租100平方米的办公场所，补贴装修费为每平方米3万元，也就是租1000平方米的房子，补贴费就高达3000万元。

在何处注册公司，值得创业者思考，绝不可盲目选择企业注册地。

5.公司内部结构

从公司内部结构来说，也有不同的布局，员工层通常享受分红股，成为经营合伙人；中层管理者可以投资，成为虚拟股东或成为事业合伙人；高层可以享受期权，有机会成为公司的注册股东；通过裂变创办分公司，可以成为注册股东。从低到高，不同层级可以享受不同的股权类别和比例。

空间就是格局，格局就是设计，我们在整个股权的设计中，要保留一定的空间。

二、股权布局

从另一个角度来说，股权布局的设计，也是一个空间布局，包括资金股、人力股、众筹股。

1.资金股

资金股东是溢价人，如连锁业，通常以实际投入价格的两倍来吸纳投资人。因为投资人只出钱不出力，所以采取溢价，双方都可以接受。也可对投资人进行优先分红，来确保投资人的回报和资金的安全性。

2.人力股

针对人力股东，可以根据实际资金投入入股。按照实际投入的价格来进行估值，让合伙人加入。因为人力股东是要出力的，要花时间、花精力，所以项目实际花了多少钱，就按照这个价格来进行融资，是比较合理的。人力股东在公司任职是享受股份及分红的前提条件，因此，必须在退出条件上也做好相应的约定协议。

3.众筹股

针对众筹股东，可以根据消费金额设定入股条件。也就是必须要有一定的消费额，才有机会成为众筹股东。例如：在餐厅可以先充卡3万元，通过消费获得赠送的消费券，同时身份从顾客升级为公司合伙人，享受分红分润，转介绍后获得返佣，获得销售权利，实现一举多得。

第四节

股权第4计之合伙计：心

创业中真正让我们头疼的其实不是事，而是人“心”。但如果激活得当，人也可以充满温暖和凝聚力。

一、合伙聚人心

一个企业没有合伙机制，人心涣散，会出现五大问题：

1.职业经理人缺乏主人翁意识，企业全是“客人”。这样的企业无法凝聚人心，正如没有人会去擦一辆租来的车，“客人”也不会尽心尽力为企业做事。公司整体缺乏主人翁精神，宛如无本之木。

2.企业的信息机制极不透明，增加了大量的隐性成本和资源消耗，无法达到过硬的生产力。

3.企业人心涣散将会花自己的钱，消耗自己的资源。

4.靠一己之力去发展，导致无法链接外部资源，就宛如在现代化时代使用冷兵器。

5.工资是固定工资、固定成本，公司成本越来越高，员工士气却越来越低。

常言道："分久必合，合久必分。"中国式合伙常常遭遇中国式散伙。

中国式合伙可分为四个阶段。第一个阶段：同心同德，众志成城；第二个阶段：同床异梦，心怀鬼胎；第三个阶段：同室操戈，兵戎相见；第四个阶段：同归于尽，你死我活。

因此，许多企业家宁可选择单干，也不愿意选择合伙。

但我要说的是，合伙可能会分，不合伙一定会死！在这个合伙时代，企业宁可选择散伙的痛苦，也千万不能选择单干的灭亡。合伙之路是一场考验我们心智、心灵、心神合一的旅程。

二、合伙反脆弱

1.反脆弱

2014年，中信出版社推出了一本名为《反脆弱》的书。书中提到：如果一个玻璃杯掉到地面上，就会摔碎；一个铁球掉到地面上，不会摔碎；而一个皮球掉到地上会弹起来。这就是反脆弱的能力。

一个企业始终要思考，自己会因为什么而陷于绝境？通常的情况下是因为盲目投资，缺乏现金流，而陷入困境，导致企业变得脆弱。因为黑天鹅事件难以预测且容易引起市场连锁负面反应，所以企业必须要有足够的现金流，以备不时之需。

很多人认为，要多投资才会产生更大的效益，这就体现了脆弱性。

例如开餐厅，你需要购入更多的原材料，招聘更多的员工，这样企业会变得越来越脆弱。而一个优秀的公司，它的边际成本虽然是有限的，但它的盈利曲线却是不断升高的，例如滴滴、爱彼迎，有巨大的反脆弱能力。

2.边际成本

什么是边际成本？每一单位新增生产的产品或服务带来的总成本的增量，如果这个成本增量很低的话，这个服务的利润率实际上是很高的。比如，仅生产一辆汽车的成本是极其巨大的，而生产第101辆汽车时成本就低得多，而生产第10000辆汽车时成本就更低了。

如果你能把投入一份时间精力的产品，卖出更多份，那就是做着边际成本递减的事（见图1–5）。规模越大，你需要多投入的精力越少，而你的收入越高。比如传统的出版，以及当今的互联网，一直都在降低成本，提高效率。

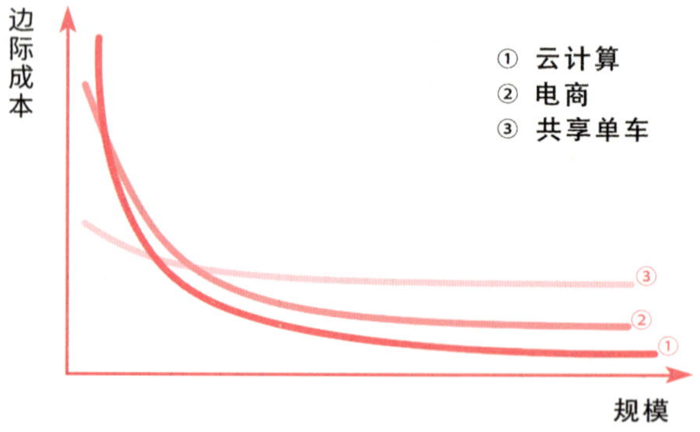

图1–5　边际成本递减示意图

故此，你一定要选择有反脆弱能力的行业，投入成本趋小，而利润却趋向于无穷大的行业。比如互联网行业、软件行业、人工智能行业，或者通过“合伙盈利”，让投入零成本，而回报无穷大。

3.合伙为何能反脆弱

合伙是一条反脆弱的救赎之路，因为：

（1）通过内外部融资，让企业链接到无限的资金和资源。

（2）通过合伙打造主人翁精神，将团队士气打造到极致。

（3）通过内外部合伙链接无穷无尽的资源，打造一个巨大的价值共生体。

（4）通过内部合伙把固定薪酬成本变弹性，让企业分得越多，从而越开心。

三、寻找合伙人

衡量你是否厉害？就看你有没有合伙人！你是否能有一个班子！

柳传志说：“搭班子，定战略，带队伍。”马云说：“定战略，搭班子，带队伍。”这两者有区别吗？

这两者是有区别的，最大的区别就在于你的公司是处于早期创业阶段，还是处于公司发展的中期阶段，不同阶段采用的策略是不同的。如果是早期初创阶段，企业的核心就是要搭班子，你一定要把你的队伍先建立起来，然后才能说战略的事情。而企业发展到了中后期，核心是由搭班子改为定战略，企业向何处走，决定其成败！

你要怎样评估你的班子有没有合伙人呢？

评估的核心在于有没有能够向你提出不同意见的人。你需要能够提出对立观点的人，能够有跟你站在同等级讨论问题的人，这才是真正的合伙人。

企业给员工分红，属于最低境界。一个企业能够给员工分红，看似不错，其实这只是当今企业的标准配置。

让员工投资，成为事业合伙人表明这个老板已经有点格局了，已经开始把员工当作价值共生体、利益共同体看待，但这也只能算是聚拢人心的低层次，还没有进入更高层次。

让员工投资并且动态分红，与目标、绩效挂钩，并且分红能够满足员工的期望值，起到激励员工的作用，这才是聚拢人心的最高级别。

案例1：一家餐饮企业的动态分红规则

我们曾为一家连锁餐饮企业做经营合伙机制设计，采用的是店长、厨师长投资，并且动态分红，分红与目标、绩效挂钩的机制。详见表1-7。

表1-7　某餐饮企业动态分红规则

绩效评价结果	分红系数
上年度小目标完成	1
上年度小目标完成≥90%	0.9
上年度小目标完成<90%	保底0.8
小目标低于完成90%	股份收回1/2

让员工投资、裂变，彻底为自己干，这才是企业的高水准配置。

当然，让员工投资，并且能有十个成功标杆，这才是优秀的企业。

四、四种合伙人

具体操作有四种：

1.第一种是经营合伙人，针对全体员工。经营合伙人可以享受分红，品类是分红股和超额分红股，做到成本最小化，业绩最大化，形成利益共同体。

2.第二种是事业合伙人，针对企业中高层人员。中高层人员可以投资，以此为事业，分红品类是虚拟股和超额分红，以此形成梦想共同体。

3.第三种是裂变合伙人，针对子公司老总。裂变合伙人能够享受子公司的股份，品类是注册股和超额分红，以此改变命运，形成价值共生体。如下案例。

案例2：一家房地产企业的裂变合伙人计划

一家房地产公司进行裂变合伙人计划，这个方案的推行为该企业注入了新的活力，人才涌现，公司业绩实现快速增长。

一、顶层设计

子公司和分公司的区别：

1.法律风险：子公司有独立法人，分公司没有独立法人。

2.税务：子公司独立核算，分开交税，如果亏损，子公司不用交税。

3.所有权：子公司有股份，可以进行工商注册；分公司是没有股份的，不可以进行工商注册。

二、新公司用子公司方式经营

通过比较子公司和分公司的利弊，最终达成共识，新公司用子公司的形式，项目经理担任子公司总经理，前期持股30%，可通过绩效的达成增持至49%，总公司投资持股51%。

长期持股计划：子公司运作5年以后，优秀的子公司总经理可以反向持有总公司的股份，通过持股平台间接持有。前5年设计股权动态和分红动态，足以激发其动力，不必动用总部股份。

1.子公司人员设置

总部给予支持的人数：总经理（项目经理）1名、内场1人、外场5人。项目洽谈由总部派出市场部人员，但前期不归属于子公司。

当地招聘：内场、外场、后勤。

2.定人：总经理的选拔

（1）强制跟投制度

由公司内部制定新公司总经理竞聘制度，由符合条件的员工申请，并在全体员工面前展示自己的商业计划书（BP）。由全体员工投票，票选出最合适的人担任新公司总经理。被选出的总经理需要自己投资至少15%。

（2）总经理画像

①成绩：必须培养出一个合格的项目经理。

②级别：市场经理、内场总监。

③经验：服务的项目数达到10个以上。

④价值观：价值观符合公司价值观。

3.定资金

子公司的运营资金在30万元左右，注册资金100万元，若子公司总经理没有投入资金，可以协议约定用分红弥补。

4.动态设计

（1）分红动态：分红采用动态设计，充分考虑资金股和人力股的贡献。详见表1-8。

表1-8 分红动态

目标（元）	资金股	人力股
X<300万	80%	20%
300万≤X<500万	70%	30%
500万≤X<800万	60%	40%
800万≤X<1000万	50%	50%
X≥1000万	40%	60%

（2）股权动态

五年的业绩对赌：五年业绩做到5000万元，总经理股份增持19%，达到49%。详见表1-9。

表1-9 股权动态

目标（元）	公司转让股权给总经理
第一年目标500万	释放3.8%
第二年目标1000万	释放3.8%
第三年目标2000万	释放3.8%
第四年目标3000万	释放3.8%
第五年目标5000万	释放3.8%
合计	19%

5.定时间

（1）锁定期：10年，10年内不能退出和转让。

（2）兑现期：3年，每年匀速解锁兑现退出

6.退出约定

（1）锁定期内主动退出。详见表1-10。

表1-10 锁定期内主动退出

合作年数X年	退出价格
X<2	本金的15%
2≤X <4	本金的30%
4≤X <6	本金的45%
6≤X <8	本金的70%
8≤X <10	本金的75%

锁定期内亏损退出：承担亏损后，退出。

（2）锁定期外主动退出

盈利：根据公司净资产退出。

亏损：按照比例承担亏损退出。

（3）锁定期外被动退出——红线

①没有通知公司而不来公司超过1个月。

②被查证贪污受贿。

③泄露公司商业秘密。

④违反竞业限制约定。

⑤私自接单。

⑥违反法律被处以刑罚的。

⑦股东认为的其他严重行为。

退出价格：1元回购。

（4）被动退出——绩效不合格

绩效不合格，退本金50%。

（5）奖励退出

净资产退出+保留10年分红权。

（6）自然退出：意外失踪、死亡、退休等情况。

退出价格：净资产退出。

4.第四种是联创合伙人，指的是企业核心高管，CEO、CTO、COO等，分红品类是银股加上期权，形成命运共同体。

这就是合伙人的四种。详见图1-6。

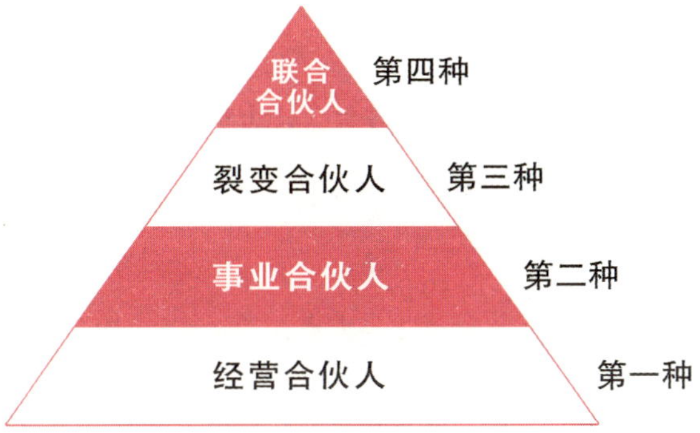

图1-6 四种合伙人

员工从经营合伙人到事业合伙人再到裂变合伙人，最后产生联合合伙人，人人都是CEO，实现海星式裂变，形成真正的人单合一、员工创客化、自组织、多中心。

附：合伙合心组织评分表

任何一个组织，核心在于打造组织成员成为命运共同体和精神共同体。然而，成为命运共同体的基石，是先要成为价值共同体和利益共同体。因此，我们要对我们的组织合心度作反省和思考！合伙合心组织评分表，详见表1-11。

表1-11　合伙合心组织评分表

项目	选项	得分
1.公司是否有清晰的估值和定价？ （1）有。计10分 （2）没有。计0分		
2.公司是否有分红股计划，员工是否可以分享公司的利润？ （1）没有。计0分 （2）有。计10分 （3）可以根据绩效、业绩、利润动态分红。计20分		
3.公司有没有虚拟股激励的计划？ （1）没有。计0分 （2）有虚拟股投资入股计划。计10分 （3）不仅有虚拟股激励计划，而且是动态股数、动态分红方式。计20分 （4）不仅有动态的调整，同时，其配股数和购买价格与职级、绩效、岗位挂钩，同时有明确的分配规则、分红规则、退出规则、约束规则等。计30分		

续表

项目	选项	得分
4.是否有超额分红激励制度？ （1）没有。计0分 （2）有。计10分。 （3）有，且有明确的业绩目标和利润考评指标，并且落地取得了明显的激励效果。计20分		
5.是否有期权激励制度？ （1）没有。计0分 （2）有。计10分 （3）有，并且大力宣导，推动贯彻，让员工产生对工作的憧憬和热情。计15分 （4）有，并且运用在招聘、留人、晋升等，已经作为公司的激励工具，为大家认同，并且有员工已经拿到期权，成为公司的标杆。计20分		
6.是否形成合伙人文化和合伙人状态？ （1）没有合伙人状态。计0分 （2）有合伙人状态，合伙人的氛围，并有合伙人荣誉墙，合伙人相关管理制度。计10分 （3）不仅有合伙人展示和合伙人的文化制度，并且有合伙人标杆。计20分 （4）不仅有合伙人的标杆，并且有合伙人通过合伙的收入改变了职业生涯的命运，确实产生高收益，形成向心力、希望力、高动力。计30分		
7.是否有合伙人激励组合方法？ （1）没有。计0分 （2）有，且有分红股+虚拟股的叠加。计10分 （3）有多种合伙激励组合方法，包括分红股、超额分红、虚拟股、期权、注册股多样化的激励组合方法，有三种以上运用。计20分		
合计		

最高得分合计：150分。

评价标准：

分数在135分以上，视为高度合伙组织。

分数在105分以上，视为合格合伙组织。

分数在105分以下，视为不合格合伙组织。

第五节

股权第5计之平台计：场

彼得·圣吉说："企业一定会倒闭，只有城市才能生生不息。"

为什么城市可以生生不息呢？为什么城市能有几千年的历史，而企业无法做到呢？因为城市是万物成长的"载体"和"平台"，城市构建了一个神奇的"场"。"平台"可以生生不息，而企业是一个独立个体，总有一天要消亡。因此经营企业组织一定要往平台化的方向去发展。

未来经营的大趋势是：战略要生态化、组织要平台化、人才要合伙化、领导要赋能化、运营要数字化（见图1–7）。

战略生态化的意思，就是必须和外在一切利益共同体形成生态体，不再做一个小花园，而是成为生生不息的亚马逊森林；不再是一个独立个体个体，而是成为一个大的生态体。

优秀的公司不会单打独斗，而是会创建生态环境，让大家去尝试，保持多样性。例如，腾讯投资了1000多家企业、海尔的平台有2000多家小微企业。

图1-7　未来经营大趋势

当问题和风险来临的时候，没有关系，因为你是亚马逊森林，有生生不息的生命力。

传统的力量，是自上而下，而在互联网时代，一切变得没有秩序但充满活力。

东莞有33个镇，每个镇各有特色。如虎门的服装、大朗的毛织品、长安的五金模具、清溪的电子信息产业等。东莞宛如一个平台，每个镇的发展，都要看谁的生存能力更好，产业链更完备。

企业何尝不是如此呢？是自上而下的规划，还是自下而上的生长，这决定了企业发展的活力源泉。

那么组织要变成平台，应该如何规划？

1.平台+自主经营+创客化

海尔提出了“平台+自主经营+创客化”指数型组织的规划，如图1-8所示。强调的是如何去找到创客，如何去找到小微，形成强个体，实现持续生长。这样的组织，每一个员工都是能够各自为战，找到自己的用户，实现人单合一。海尔把自己变成了一个平台。很多年前，有人问张瑞敏，“海尔是什么？”他说，“海尔是海。”现在海尔已经是云了。海和云有什么区别呢？区别在于海有边界，而云没有边界。

图1-8 海尔平台化组织

2.“铁三角”

华为提出了基于“平台+小集成经营体”的铁三角，如图1-9所示。

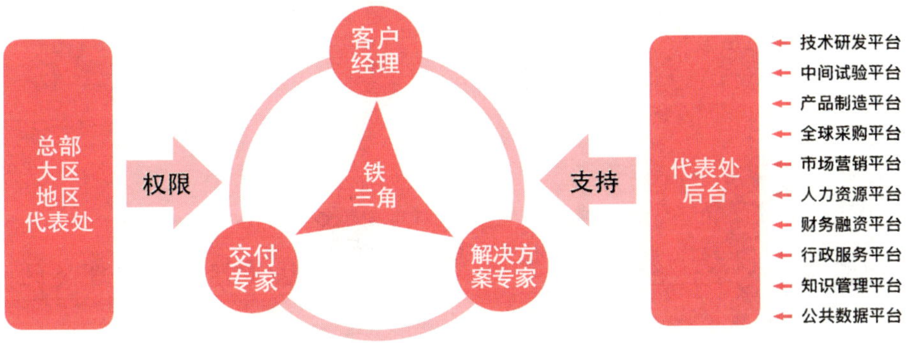

图1-9 华为“铁三角”模型

3.三维组织

京东提出了新三维组织：客户导向型组织、价值契约的钻石型组织、竹林共生的生态型组织。

（1）客户导向型组织，如图1–10所示。

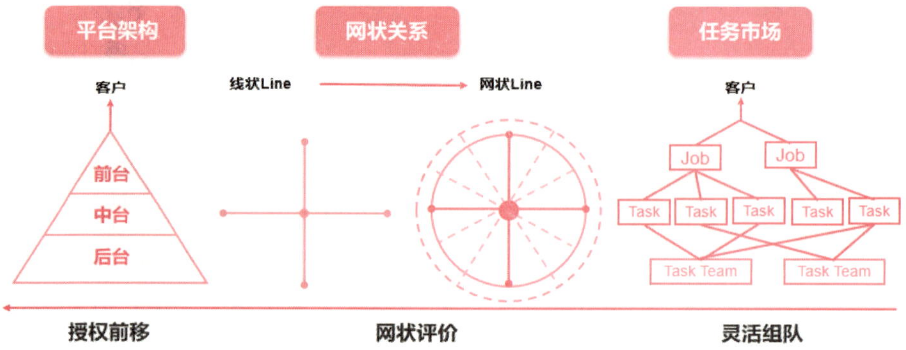

图1–10　客户导向的网络型组织

（2）价值契约的钻石型组织，如图1–11所示。

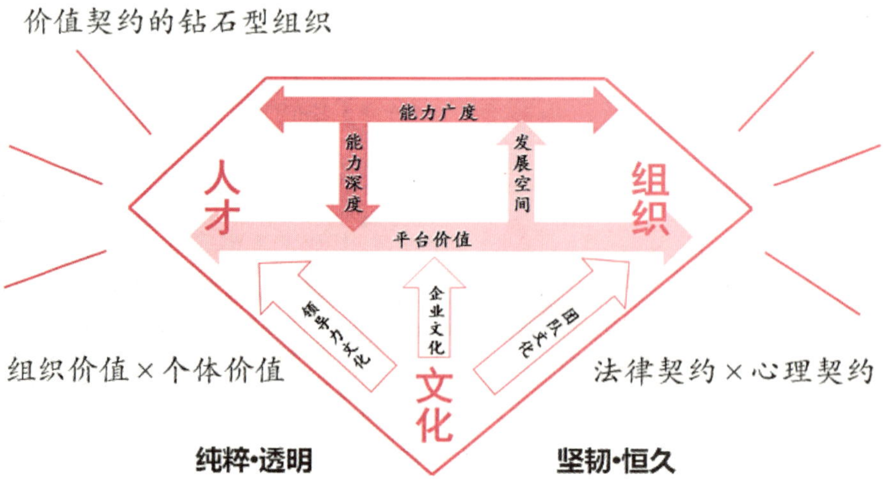

图1–11　价值契约的钻石型组织

（3）林竹共生的生态型组织，如图1–12所示。

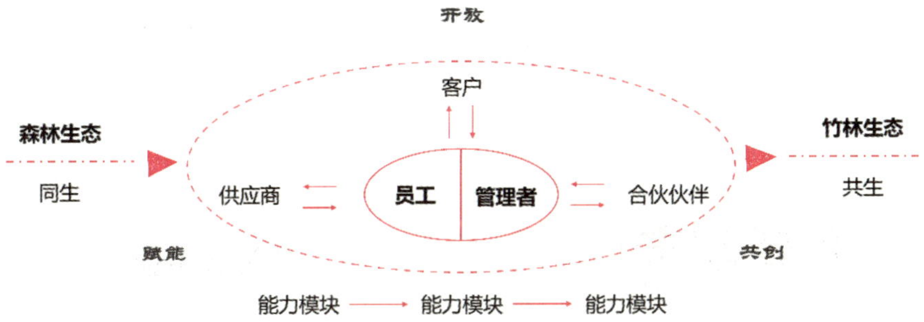

图1–12　竹林共生的生态组织

4.“平台+赋能组织”

阿里巴巴提出了“平台+赋能组织”，如图1–13所示。

图1–13　阿里巴巴“平台+赋能组织”

5.“789”新组织架构

美的提出了开始以核心思想去中心化、去权威化、去科层化的内部组织改造。并借此构建了以7大平台、8大职能和9大事业部为主体脉络的“789”新组织架构。

6.“平台+小前端+富生态”

永辉超市提出了“平台+小前端+富生态”的组织形态。如图1–14

所示。

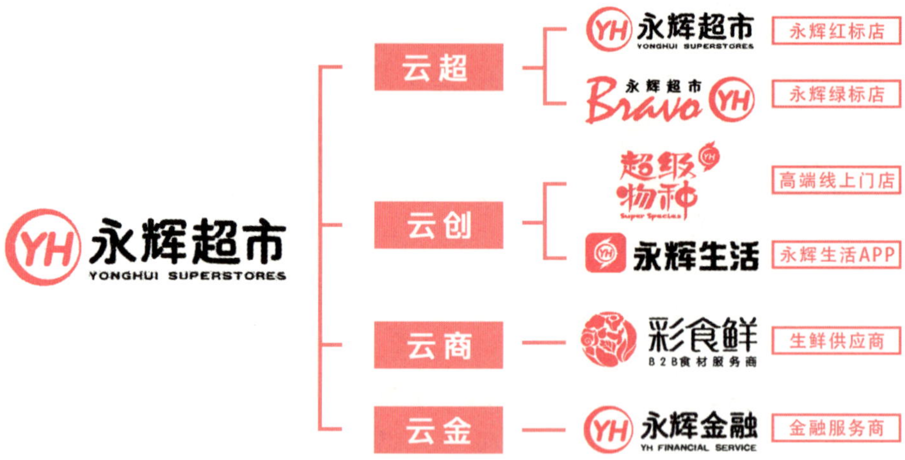

图1-14　永辉超市组织形态

组织变革和创新呈现以下五个特征：

（1）去中介化，降低中间层。

（2）去边界化，内外跨界。

（3）去建立化，打破秩序和规则。

（4）去威权化，淡化威权领导。

（5）去中心化，打破行政命令。

读完以上内容，您想到如何将自己的企业打造成平台了吗？

第六节

股权第6计之生态记：园

我们的股权治理之路可以比作是“从一个物种逐渐发展成一个生态园”，“从木匠转变为园丁”，最终打造一个万千“物种”自我演进的花园。

做企业，我们可以选择成为一个“木匠”，通过精确的测量工作，将材料塑造成设计稿上的产品。

而做“园丁”则要摆脱温室的培养方式，你要创造肥沃的土壤，来滋养整个生态系统。不同的植物有不同的优势和特点，它永远在变化。

在一个多变、复杂的系统环境中成长的植物，才会更加强劲。当我们去孕育许多部门小微、创客企业的时候，就需要由木匠转变为园丁。

如何用股权治理形成一个生态链，这是一个非常大的问题。从小范围来讲，你可以联合你的上下游供应链。例如都市丽人，通过整合上游供应链，利用并购、股权激励的方式，联合了几十家工厂，组成了战略同盟；蒙牛乳业将农户、养牛场变成其合伙人，整合上游资源，形成了生态供应链。

案例1：蒙牛乳业奶源供应模式

在上游奶源的争夺上，蒙牛奶源的供应模式有三种："公司+农户"传统模式、"公司+规模牧场"探索模式、"公司+OEM供应商"创新模式。

一、"公司+农户"传统模式

技术缺乏是制约奶业产业化发展的关键性因素，其表现之一是以小规模生产、分散农户饲养为主。蒙牛乳业的"公司+农户"模式采用"分散饲养+集中挤奶+统一加工"流程。值得一提的是，蒙牛乳业的500多个奶站都是由民间资本投资完成的，蒙牛乳业通过与奶农签订奶源订单合同，结成利益共享、风险共担的经济共同体。

二、"公司+规模牧场"探索模式

此模式能够从严格意义上实现对奶源的全程监控，确保牛奶的完美品质。蒙牛现有澳亚示范牧场，近几年又在马鞍山、尚志、张家口等十几个全国主要生产基地投资兴建了万头以上规模的现代奶牛养殖牧场。

三、"公司+OEM供应商"创新模式

面对乳业资源分布不均且市场竞争激烈的形势，神速发展的蒙牛采用大规模并购地方企业的方式，让当地企业贴牌生产。设在各地的OEM供应商只负责生产不负责销售，质量监督由蒙牛统管。这种扩张式的"生产车间"衍生模式，使得蒙牛短短8年内就建起几十个分厂，从1999

年营销额4000万元人民币，跃至2006年底的年销售额162亿元，蒙牛2019年财报显示营销额为790.3亿元。

案例2：经销商合伙标准

我们的一个咨询客户，是做墙面腻子生意的。通过“反向持股法”，让经销商持有他们公司的股份，以虚拟股的方式，让30多位经销商和公司结成了利益共同体和命运共同体，解决了销售难、回款难、管理难的三大难题。

该公司激励股的分配主要考虑经销商的历史贡献，即根据历史销售业绩拟定贡献系数。采取一票否决制。

激励股权额度，详见表1-12。

表1-12 激励股权额度

业绩标准（元）	价值观	评级	个人历史贡献系数
过去三年业绩平均超过400万	合格	A档	4
过去三年业绩平均超过200万	合格	B档	2.5
过去三年业绩平均超过100万	合格	C档	1
过去对公司有特殊贡献者	/	/	董事会特批

个人获授激励股数量=当期持股平台拟授予激励股总量×（个人历史贡献系数/个人历史贡献总系数）

经销商的三种合伙模式，详见表1-13。

表1-13 经销商三种合伙模式

合伙模式	操作要点	优势	代表企业
向下区域性合伙	针对某个产品或某个区域成立合资公司，所有销售都从这个平台出去	（1）方便和经销商业务往来，为经销商提供了一个平台担保公司 （2）风险比较小，失败了也只是小范围区域内的失败，不会对全局产生影响	格力、华为
横行平而上合伙	主体公司和经销商共同打造一个新公司，在新公司平台上合作	带来更大的梦想。如百丽把原有工厂并入新公司，再以新公司作为新的平台打造上市主体	百丽
直接持有主体公司股份合伙	（1）根据经销商销量，直接让经销商持有主体公司股份，销量越高，持有股份越高 （2）经销商和上游供应商之间建立了一种比交易更牢靠的合作关系	（1）主体公司未来打算挂牌上市，经销商和供应商只管做好供应，做好经营和销售，做得越好，收益越多 （2）公司上市后溢价空间越大，股权价值的回报和收益就越大	泸州老窖、海尔

案例3（横行平而上合伙）：某公司和经销商合伙案例

一、目的

为实现公司的战略目标，提高经销商的合作深度和参与深度，通过股权激励机制，让经销商股东和公司共创共享，共担共成，实现公司和经销商双赢的局面。

1.共创：为公司短期销售规模的增长做出贡献。

2.共享：实现核心经销商收益与公司价值紧密联系，引导经销商注重公司品牌，忠于公司，共享成果。

3.共担：荣辱与共，共同承担责任。

4.共成：激发股东经销商潜能，将经销商利益与公司紧密结合，共同促进公司的发展，实现公司的战略目标。

二、公司估值

IR公司估值为1000万元，总股本为1000万股，原始股价为1元1股。

三、股权结构及出资安排

1.IR公司股东构成为创始人刘莉及合伙企业××公司（以下简称合伙企业），该合伙企业仅用于投资IR公司，不做任何经营、抵押等其他用途。

2.创始人刘莉作为IR公司自然人股东，占股45%，股本为450万元。

3.合伙企业占股55%，股本为600万元。

合伙企业股东为IR经销商，通过合伙企业间接持有IR公司原始股份。其中创始人刘莉为GP（普通合伙人），IR经销商为LP（有限合伙人）。

四、股权授予计划

1.合伙企业，总股本为400万股，400万股用于第一批经销商的认购，150万股作为预留股，用于未来股东的认购。

2.为了IR公司基业长青，持续发展，合伙企业股东股份采用动态调整机制，根据贡献程度，每三年进行一次股份调整。

五、权利设计

1.合伙企业股东退出，优先向GP转让，GP不受让的，可向其他股东转让，其他股东不受让的，可向外部投资人转让。

2.IR公司每半年向股东公布一次IR公司财务报表。

六、合伙企业股东股权激励具体方案细则

1.合伙企业股东条件

（1）认同IR公司的企业文化

（2）认同企业的愿景和战略

（3）与IR公司正式签署《经销商合作协议》

（4）同意签署《经销商股权激励协议》

（5）具备一般纳税人资质

（6）必须为IR经销商

2.原始股认购额度标准

详见表1–14。

表1–14　原始股认购额度标准表

认购股数	业绩目标（元）	价值观	评级	股东股权系数
19万股	年采购目标大于等于100万	合格	A档	4
12万股	年采购目标大于等于60万	合格	B档	2.5
5万股	年采购目标大于等于12万	合格	C档	1
/	对公司有特殊贡献者	/	/	董事会特批

3.股份动态调整

合伙企业股东股份每三年进行动态调整，并进行工商变更。

（1）升档

在合作期内，三年为业绩评定周期，若股东在评定周期内业绩增加，在下一个财年中，可升级为更高档，参照新档位的标准增授股权。

标准参考《原始股认购额度标准》，其来源为预留股部分。

调整规则如下：

$$Q=Q_0\times N_1/N_0$$

其中：Q_0为调整前的股权数量；N_0为调整前的股东股权系数；N_1为调整后的股东股权系数；Q为调移后的股权数量；增授股权数量为$Q-Q_0$。

（2）降档

在激励期内，三年为业绩评定周期，若股东在评定周期内业绩减少，标准参考第六条《合伙企业股东股权激励具体方案细则》中《原始股认购额度标准》，在下一个财年中，降级为更低档，参照新档位的标准按当期持股平台股价回购超标的股权，纳入预留股统一管理。

调整规则如下：

$$Q=Q_0\times N_1/N_0$$

其中：Q_0为调整前的股权数量；N_0为调整前的股东股权系数；N_1为调整后的股东股权系数；Q为调整后的股权数量，减少股权数量为Q_0-Q。

4.分红规则

（1）分红规则依据IR公司董事会根据当年公司经营情况及未来战略规划而定（浮动区间为60%~80%，暂定为70%），剩余未分配利润将用作IR公司发展和风险准备金。

（2）为实现股权收益与IR公司战略目标完成情况的高度一致，在合作期内，每年对公司股东考核一次。

■公司层面

公司3年内销售预计增长率为________。

公司业绩考核如表1–15所示。

表1–15　公司业绩考核表

指标	2019年		2020年		2021年	
	目标值	完成值	目标值	完成值	目标值	完成值
营业收入（元）	2000万		3000万		4000万	
净利润（元）	200万		300万		400万	

■合伙企业股东绩效层面

合伙企业股东业绩考核如表1–16所示。

表1–16　合伙企业股东业绩考核表

指标	2019年		2020年		2021年	
	目标值	完成值	目标值	完成值	目标值	完成值
经销业绩（万元）						

（3）若公司层面的业绩目标达成率低于90%，则合伙企业股东不享受分红。

（4）若公司层面的业绩目标达成率在90%（含90%）以上，则合伙企业股东实际分红按照业绩达成率发放，如某经销商股东当年度业绩完成90%，年度分红为10万元，则实际分红为10×90%=9万元。当年度实际业绩低于目标业绩的60%，则当年度不参与利润分红。如果完成率为

150%，年度分红为10万元，则实际分红为10×150%=15万元。

（5）当合伙企业经销商股东连续两年未达到目标业绩的80%，股权由公司按股东的原始购股价回购。公司可在2年期结束日起30天内以书面通知的方式告知取消股东身份，并在3个月内将本金退还，同时进行工商变更。

（6）如果股东推荐新客户，则公司依据新客户业绩，给予股东对应销售金额一定比例返利。返利以货物的形式进行返还。

5.退出机制

若合伙企业股东退出，则股权的处理办法，如下表1–17所示：

表1–17 股权处理办法

特殊情况	公司股权处理办法
（1）公司有证据证明股东存在严重触碰高压线的行为而与其中断合作关系 （2）股东连续两年未达到业绩指标，且达成率未能同时达到80%	收回股份，退还其原始出资额
（1）股东连续两年未达到业绩指标，但达成率均达到80% （2）股东转行申请退出 （3）合同未到期，双方友好协商不再续约 （4）股东因病无法正常工作、残障或死亡	收回股权，退还其原始出资额，并兑现增值收益，增值收益=（公司当期股价–授予时公司股价）×股权数量
因其他原因	

股权生态计的大方向是：

在腾讯，投资股份超过10%的企业，已经超过1000家，形成了一个庞大的生态，你中有我，我中有你。

我在用滴滴打车的时候，发现我账户的钱是自动被扣掉的，滴滴怎么有我的账户呢？原来他跟微信是“一家人”。因此，腾讯说：“把半条命交给合作伙伴，这就是生态圈。”腾讯投资企业生态圈如图1-15所示。

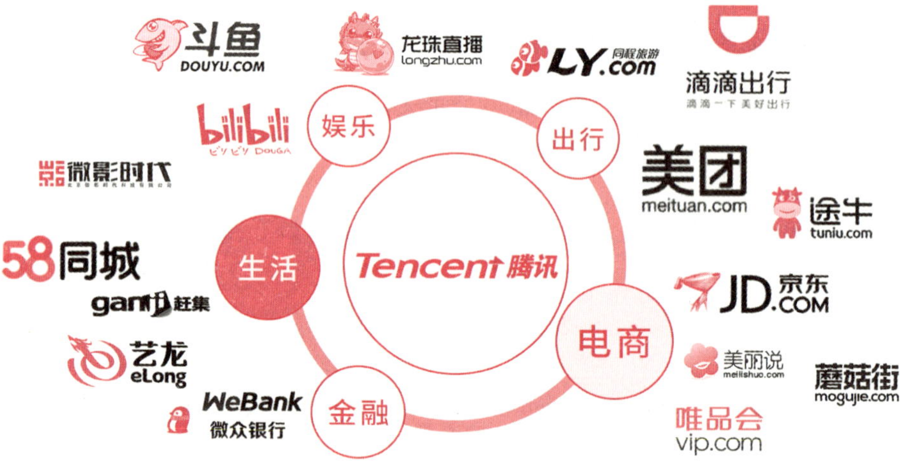

图1-15 腾讯投资企业生态版图

日本的7-11是一个庞大的商业帝国，其母公司是洋华堂，后来公司把洋华堂反向收购。7-11在日本有19000多家店，其中95%的门店，都是他们帮助别人开出来的，让别人占大股，帮别人挣大钱，公司通过超额分红分享利润。7-11在日本只有8000名专职员工，但是其净利润竟然达到了惊人的100亿元人民币，净利润率是20%。其关联的员工有40万人，170个上游工厂，这是一个生态平台。这就是生态计，互为主体，综合互利！

企业必须思考，如何打造一个全面的价值共生体，把上下游、同行、顾客、投资人、伙伴等都纳入到你的价值共生体中，形成一个庞大的有机生命体，才可以在这个世界生生不息。

共生是大势所趋，那么我们的关键词是什么？

1.共生关键词中有：利他、无边界、可渗透、无限游戏、平台赋能、生态、价值共生体、深度关联、协同、外部、互为主体、云化、技术穿透……

2.和员工合伙的关键词有：主人翁、心灵契约、动态合伙人、裂变式创业、海星式组织、事业合伙人、多中心、身份感、人才拼图、人人都是CEO、阿米巴、人人都是经营者、人单合一、强个体……

3.和顾客合伙的关键词有：轻创业、创客、分享经济、微商、抖商、社群、粉丝裂变、认知盈余、人人代言、会员升级……

4.和同行的关键词有：指数组织、杠杆资产、品牌输出、变现、系统、版图赢利、逆向招商、加盟、链接胜过拥有。

5.和资金合伙的关键词："黑天鹅"、反脆弱、低风险创业、轻资产、资源体、协同效应、众筹、消费型股东。

6.和上下游合伙的关键词：盟约、生态、相生、双赢式谈判、跨界、互为主体。

互联网的逻辑就是通过万物互联打造一个有机生命体，这个有机生命体是千万智慧的联合，力量无法估量。

附：共生型组织觉察表

互联时代，共生组织是企业家的信仰，是每一个企业核心的战略选择。打造无边界组织、价值共生组织，是每一个企业的第一战略。如何打造？首先从自我评价开始。

共生型组织觉察表，见表1-18。

表1-18　共生型组织觉察表

项目	得分	复核
一、是否已经建立了共生的信仰，明确共生的逻辑和框架？ （1）是。记10分 （2）不是。记0分		
二、已经有内部员工入伙并且投钱，有标杆案例产生，形成全员争先局势。 （1）有合伙的热情。记10分 （2）没有。记0分		
三、是否已经有投资人、投资方？ （1）没有。记0分 （2）有。记10分 （3）有投资人投资，并且有投资人追捧，形成投资人的智囊团品牌方。记20分		
四、是否有顾客变成创客的计划？ （1）没有。记0分 （2）有会员转化计划转介绍计划。记10分。 （3）不仅有会员转介绍计划，还有升级消费股东的计划。记20分 （4）不仅有消费股东的计划，甚至还有升级为城市合伙人的计划。记30分		
五、资源型股东：是否有资源型股东合作？ （1）没有。记0分 （2）有资源型股东合作，如房东资源、顾客资源、上线供应链资源等等。计10分 （3）有资源股东并且紧密合作，形成战略同盟，产生实际成效。记20分		

续表

项目	得分	复核
六、是否有品牌变现、管理变现计划和行动？ （1）没有。记0分 （2）有管理品牌变现，有对外输出管理，实现轻资产管理。记10分 （3）有对外品牌管理输出并且实现受益，受益已经占到公司整个收益的20%以上。记20分		
七、是否有上下游合作的盟约计划？ （1）没有。记0分 （2）有上下游合作的盟约计划，并且已经有人采取投资的行动。记10分 （3）有上下游盟约的计划，上下游已有投资行动并且获得实际的收益，同时他们有极大意愿为我们创造更加便利的合作条件如：下游介绍顾客，上游降低成本。记20分		
八、是否有无限的会员可以合作？ （1）没有。记0分 （2）有无限的外部资源和会员可以合作，例如社群。记10分 （3）有无限的外部资源在涌进，有社群计划和社群运营，并且有持续的新资源在源源不断地进入，呈几何指数增长。记20分		
合计		

总分最高分合计：150分。

评价标准：

评分在90分以下，不合格。

评分在90分到120分之间，合格。

评分在120分到135分之间，优秀。

评分在135分以上，卓越，属于真正的共生型组织。

第七节

股权第7计之估值计：牛

估值，就是企业价值小的企业叫价值，大的企业叫估值，再大的企业叫市值。一个企业从初创期的价值到不断融资时的估值，再到上市后的市值，也是企业股权变得越来越“牛”的过程。

企业如何能有估值呢？企业的估值是千差万别的，例如，一家做漫画的公司，一年业绩只有100万，估值2000万；一家健身房，一年业绩有2000万，仅估值2000万；一家准备做地铁WIFI的企业，一分钱业绩没有，只有两张纸的商业计划书，估值竟然有2000万。

这其中的核心，就是新经济和旧经济的区别：一个有希望，一个没希望；一个有梦想，一个没梦想；一个有故事，一个没故事。你的企业有希望、梦想和故事吗？

企业估值有几十种策略，这里分享五种估值的方法（见图1–16）。

图1-16 5大估值方法

一、PE净利润法

因为A股流动性比较好，A股上市大概是50倍；创业板也是80倍PE到100倍PE；新三板大概在20倍PE。如果是给投资人，要给投资人留一点增值空间，通常给到投资人的估值是8倍PE到12倍PE之间。给员工的估值是3倍PE到5倍PE之间。例如，你有一家店，你想让员工投资这家店，净利润是100万元，3倍PE估值进行投资，这个店就值300万元。假如有一个店长投资了30万元，按照出资比例来设定股权比例，该店长股权比例为10%，那么他会分走利润100万元的10%，即分走10万元，投资回报率就是1/3。也就是说，你估值的倍数越高，员工的回报周期就越长，回报率相对就越低。

就好比你卖一棵苹果树，你不能按照这个苹果树今年的收成来卖钱，这棵苹果树可以活10年到20年，你要把20年的收益给我。这就是市盈率，又被称为苹果树法则。

二、PS销售额法

假如现在的情况是，京东、滴滴、美团，都在亏损，那怎么估值呢？这些公司都有非常大的销售额，可以按照销售额的2倍到3倍来估值。如果你的公司没有什么利润，没有什么现金流，只有营业额，这叫市销率。

三、PD市场占有率

这种方法比较适合互联网企业。

日本有一个书店叫茑屋书店（见图1-17），其会员卡持有人数接近7000万，也就是说平均每一个日本人皮夹里面就放着一张茑屋书店的会员卡。书店的老板叫增田正昭，他的座右铭是“无我梦中”，意思是一个人要放下小我，要活在梦想当中。想想看，如果你有7000万个会员，公司值钱还是不值钱？答案是非常值钱！这里有一个标准，一个会员值200元，如果你有100万会员，那公司就值2000万元。

图1-17　茑屋书店图片

四、商誉估值法

花2万元买LV包，这个包本身就值2万元吗？答案是，不。其实你是花19500买了一个标志，然后花500元买了一个包，这就是品牌和商誉的价值。当年联想公司购买IBM公司的个人电脑业务，其中购入的90%都不是资产，而是IBM的商誉。

五、成本估值法

你可能会说，我没有品牌，没有营业额，没有利润，没有现金流，资产也没有，怎么估值？只有一个商业计划书，想估值1000万元。

我问你大概需要融资多少？你说大概需要融资150万元，要出让15%的股份。

融资方获得的150万元你可能拿来做APP、租房子、雇员工。这些钱是你要创业的成本，你列出你要创业的成本，出让你愿意出让的股份比例，这种估值方法就是成本估值法。

要相信你的企业是值钱的，无论采用何种估值方法，一定要有一个逻辑，就像麦肯锡所说："以假设为前提，以事实为基础，严格的结构化。"发现企业的价值，并且把这个价值转化成估值、市值，让你的企业变得更值钱，这是你融资、融人、融资源……一切的原点。

附：值钱型组织评估表

企业值钱是企业最重要的资本，可以将股份变现，可以将资本变现，可以拥有充沛的现金流。把企业打造成一个值钱型组织，是每一个企业的第一选择，因此请你深度思考，你的企业是否是一个值钱型组织？

值钱型组织评估表，见表1-19。

表1-19　值钱型组织评估表

项目	得分	复核
1.势：行业选择符合国家发展大势、行业趋势或者客户发展形势。 （1）符合。记10分 （2）不符合。记0分		
2.事：解决了一个真正的痛点。 （1）是。记10分 （2）伪痛点。记0分		
3.创始团队建设。 （1）没有创始团队。记0分 （2）有创始团队两到三人。记10分 （3）有联合创始人、创始团队五人以上。记20分		
4.是否有竞争壁垒？ （1）没有竞争壁垒。记0分 （2）有一个竞争壁垒，如：原材料，生产工艺等……记10分 （3）有两个以上的竞争壁垒，如：服务、品质、价格、故事、供应链等。记20分。		
5.是否有估值和逻辑？ （1）没有。计0分 （2）公司有清晰的估值的逻辑，如PS、PB、PE、PO等。计10分 （3）公司有清晰的估值并且有明确的赚钱回报率测算。计15分 （4）公司有清晰的估值，并且有明确的赚钱回报率测算，还有出让的股份比例和分红比例测算，一目了然。计20分		
6.创始人有意识地去宣讲自己的公司的价值。 （1）没有。记0分 （2）有宣讲公司的价值，并且有进行公开路演的经验。记10分。 （3）有公开路演，并且与投资人洽谈过，并有投资人表示明确的股资意愿。记20分。		

续表

项目	得分	复核
7.有投资合作的成功经历。 （1）过去没有投资人投资。记0分 （2）有投资人投资，并且投资人有分红。记10分 （3）有投资人投资并分红，并且分红达到投资人预期，并且有投资人的一再追捧。记20分		
合计		

最高得分合计：120分。

评价标准：

评分在70分以下，不合格。

评分在70分到90分之间，属于合格。

评分在90分到100分之间，属于优秀。

评分在100分以上，属于卓越，属于真正的值钱型组织。

第八节

股权第8计之融资计：钱

融资是企业的生命线，企业要让账上永远保持充分的现金流，即有“钱”。

如何融资？

首先，你要有一个好的商业计划。其次，在不同的阶段，吸引他人融资的点是不一样的，最开始在种子轮的时候，是你的创意，是你过去积累的人脉、你的人格魅力；在天使轮的时候，是你的团队，取决于你是不是有一个有生产力的创始团队；A轮的时候，是你的数据，你有没有一定的经营数据、一定的用户流量，你的项目是否有起色；到了B轮时，是有经营的成效。在不同的阶段，你要展现不同的关键点给投资人，才会让投资人对你感兴趣。

“天使投资人”一词来自纽约的百老汇。当时，那些举步维艰的剧院制作人，在找不到融资渠道的时候遇到的赞助投资人看起来就像是从天而降的天使。投资人给予资金，才使剧院的制作得以开始。

天使投资人，指那些能够给予用于公司早期阶段相对小额的金钱投资，并获得指数级回报的投资人。他们通常是一个顾问或者董事会的成员。天使投资人同时会应用自身经验、关系和想法，使企业家从中受益。

那么，天使投资人关心什么呢？天使投资人最关心的就是这家企业具体的价值、愿景和雄心，及其市场规模和相应的明确计划。因此吸引投资人的首要关键点就是你要展现给他们需求和愿望，表明自身价值观，展示给投资人所关注问题的关注点，让他们减少恐惧和担心。

其次，吸引投资人的另一个关键点是你自己，你是否能够坚持下去。例如，谷歌寻找了150位天使投资人，才找到合适的投资者；Leisure的创始人罗恩，被不少于37位投资人拒绝，最后才收到了200万美元的第一笔天使投资，最终市值达到了数十亿美元。

企业价值和个人信念，决定了企业的未来。一个能够融资的人，说明了你的信念坚定。如果你真的渴望成功，你就要勇往直前。

融资的三个阶段，你需要把握不同的重点：

1.融资的第一个阶段：最重要的不是估值，也不是金额，而是时间。

在初创阶段，谁能够迅速给你钱，这才是关键，而不是纠结于五千万，还是一个亿的估值。谁能够立刻马上给你钱，这是创业第一个阶段融资的关键点，即时间和速度。

2.融资的第二个阶段：最重要的是金额，因为这个时候，你融资的多少，可以决定你能够做多少事情。

你必须要把这个事做成，所以，“钱”的数额很关键，是一千万，还是两千万，决定了你这个事能不能做成。

3.融资的第三个阶段：重要的是股份比例，因为这个时候比例对你来说不能再让了，你要有一定的标准。因为这时一个点的股份，都决定着企业将来的巨大价值。

速度、金额、比例，公司发展不同的阶段，有不同的关键点！

第九节

股权第9计之开放计：明

出让股权的核心就是开明开放，当你内心越开明，政策越开放的时候，就可以融进更多的资源。

华为的成功就在于开放，任正非说："宁可失策，也要开放。"

华为2009年的企业财报显示，截至2009年底，华为共有9.5万员工，其中有61457名员工持有公司股份，占员工总数的65%，持有股份总数达98.58%。而任正非持股比例只有1.42%，在中国各大民营企业中持股比例是最低的。

最新的数据显示：华为17万员工，9万是股东。员工即老板，8万台发动机，员工之投入、之拼搏、之痴醉，令人动容！这一点，任何外资企业都学不了，因为身份不同。

企业经营中要学会对标管理。"对标管理"的定义就是：一个系统的持续性评估过程，不断坚持与世界上处于领先地位的企业相比较。对标学习则是指以行业最具竞争力的企业和处于行业领先地位的企业为实践基准，采取树立目标、收集资料、比较学习、付诸实施等一系列的步骤。

华为的成功来自于向IBM公司学习流程；向合益集团学习人力资源；向英国学习任职资格；向埃森哲学习客户关系管理；向丰田学习精益生产；向韬睿惠悦学习员工持股计划。华为在给新员工的一封信中指出：要学习美国人的创新精神，德国人的严谨，日本人的奋斗，英国人的内敛，结合中国人的实事求是。

任正非说：“我们就是要向所有优秀的人学习，学到优秀之处，才能使我们变得更强。”因此创业者要向BAT、亚马逊、小米、oppo学习，千万不能封闭起来自封为王。

华为曾请过的咨询公司，如图1–18所示。

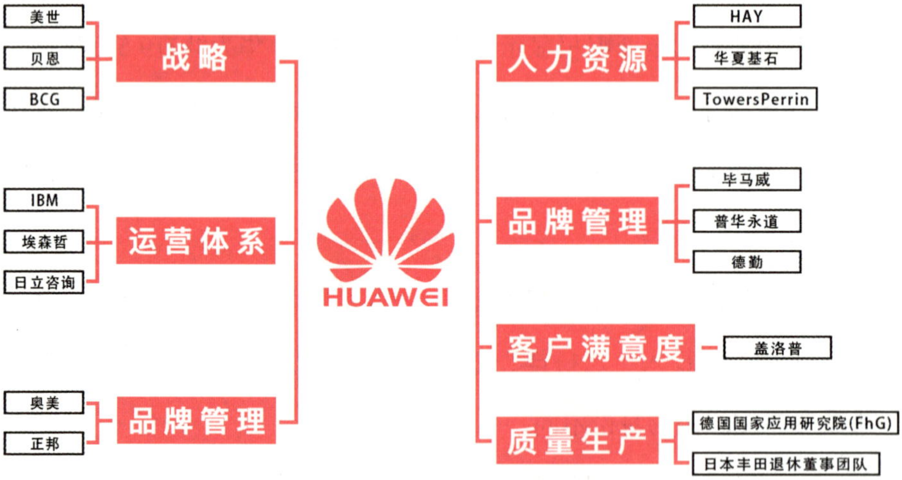

图1–18　华为曾请过的咨询公司

因此，华为强大的学习力来源于：开放、自我批判、持续对标学习。

保持开放，就不会怕瓶颈的制约，瓶颈的制约恰恰是成就你颠覆式成长的关键。

我们常常觉得创业时没有资金非常可怕，其实恰恰因为没有资金，有时能成就极大的事业。伟大的导演斯皮尔·伯格执导了多部电影。在拍摄他的成名作《大白鲨》时，因为资金捉襟见肘，斯皮尔·伯格一度非常苦闷，但他没有放弃，而是创造性地使用了仿真机械鲨鱼作为特效道具，这样可以从鲨鱼的视角来拍摄《大白鲨》这部影片，电影中大白鲨一次又一次撞击铁笼的画面非常逼真，给观众带来了无比的震撼，最后大获成功。

在创业期间，第一个制约你的是资金。但事实上，如果一个项目你100万做不起来，那么给你一个亿也照样做不起来。第二个是时间的制约。因为时间制约，所以你要快马加鞭，迅速完成，提升效率，下定决心！第三个是资源的瓶颈，或者说是项目本身的瓶颈，会让你充满新的创意。

把劣势变成优势，这才是贡献者的思维，能让你颠覆性地成长。只要你保持开放的思维，一切皆有可能。

第二章

局篇

股权设计，从势入，以局出。要顾大局、做大局。一个下棋的高手，必须要会布局，无论是武宫正树的“宇宙流”，还是赵治勋的“地沟流”，或是吴清源的“21世纪围棋”，金角银边草肚皮，都必须有自己独特的布局，高屋建瓴。

在布局中，你要思考想做一家什么样的公司，做什么样的分层设计，公司是做大还是做小，是并购他人，还是裂变出新的公司。这就是局的运用，局可大、可小、可放、可收、可伸、可缩。

图2-1 股权设计——局

公司必须做顶层设计布局，可以分为以下六大方向：投资、融资、共筹、布局、切分、激励。

（1）投资：投什么？如何投？

（2）融资：向谁融？融多少？怎么融？

（3）布局：公司是什么样的性质？是合伙公司、有限公司还是股份公司？用合伙企业控制合伙企业，还是用合伙企业控制股份公司？

（4）切分：怎么分？静态还是动态？

（5）共筹：如何将社会的资源为已用？

（6）激励：如何激励上下游企业和骨干员工？

第一节

股权第10计之章程计：约

章程即“约”，是企业自己的“宪法”，每一个创业者都有修改自己企业“宪法”的权利，也就是“自治权”。建章立规，体现一个企业家深度思考的能力，但是，很多企业家和创业者直接使用工商局标准的章程模板，忽视了“自治权”的重要性。

通常，在章程中，你可以做六个方面的约定：

一、决策权的约定

《公司法》第42条规定：股权和表决权是对等的，但章程另有约定的除外。

有一次，一个企业家非常开心地跟我说，他听了我的课程才明白约定的力量，有一家公司收购了他们公司51%的股份，但他已在章程中进行了约定，对方只能拥有49%的表决权。这样一来，他就可以从容管控公司。

二、分红权的激励约定

虽然说投资的股份只有40%，但却可以和投资人单独约定拥有1.5倍甚至两倍的分红。这在《公司法》中，也是有明文规定的。

《公司法》第三十四条规定：股东按照实缴的出资比例分取红利，全体股东约定不按照出资比例分取红利的除外。

三、转让权的约定

《公司法》第七十一条规定：股东同意转让的股权，在同等条件下，其他股东有优先购买权。两个以上股东主张行使优先购买权的，协商确定各自的购买比例；协商不成的，按照转让时各自的出资比例行使优先购买权。公司章程对股权转让另有规定的，从其规定。

四、继承权的约定

因为你不能保证你股东的继承者也能够完全站在公司的立场，你可以在继承权上进行约定。

《公司法》第七十五条规定：自然人股东死亡后，其合法继承人可以继承股东资格；但是，公司章程另有规定的除外。

例如，你可以在公司章程中约定，继承人担任董监高职位，则可以继承，如果不担任董监高职位，则公司回购其股份。

五、议事权约定

在议事权上可以约定，公司如何来作出决议。

六、约定的约定

约定不一而足。你可以约定自己是公司的总经理，并写进章程，这样别人就换不了你。因为只有三分之二的股东一致同意，才可以修改章程，不修改章程，无法把你替换掉。

你也可以约定，要有三分之二的董事会席位同意，才能对董事进行改选，这些都可以在章程中约定。

认真研究章程，仔细斟酌和推敲，这决定了你的企业能否基业长青。

附（某公司的章程）：对公司的退休、继承、转让等针对性约定

XX公司章程

目　录

第一章 总则

第一节 综述

一、章程宗旨

为维护公司、股东和债权人的合法权益，规范公司的组织和行为，依据《中华人民共和国公司法》（以下简称《公司法》）及其他相关法律、法规的规定，由<u>10名股东</u>共同出资设立________________有限公司（以下简称公司），经全体股东讨论，共同制订本章程。

二、设立与登记

公司以________方式设立；在________________注册登记，统一社会信用代码为：________________。

三、营业期限

公司营业期限为________________。

第二节　公司的名称

公司名称

公司注册名称：________________________________

第三节　公司的住所

公司住所

公司住所：____

邮政编码：________________

第四节　公司的注册资本

公司的注册资本

公司的注册资本为____________（大写：__________________）。

第五节　公司的法定代表人

法定代表人

________________为公司的法定代表人。

第二章　经营宗旨和经营范围

一、经营宗旨

公司的经营宗旨________________________________。

二、公司使命

公司的使命______________________________。

三、经营范围

经依法登记，公司的经营范围________________________________

____。

第三章 股东出资

第一节 出资的情况

一、注册资本的认缴

公司注册资本由全体股东认缴。股东应当按期足额缴纳各自所认缴的出资额。

二、股东的姓名（名称）、认缴及实缴的出资额、出资时间、出资方式如下：

股东第一次出资情况，详见表2-1。

表2-1 股东第一次出资情况

自然人股东姓名	出资方式	出资额（万元）	出资时间

股东第二次出资情况，详见表2-2。

表2-2　股东第二次出资情况

自然人股东姓名	出资方式	出资额（万元）	出资时间

股东第三次出资情况，详见表2-3。

表2-3　股东第三次出资情况

自然人股东姓名	出资方式	出资额（万元）	出资时间

综上所述，股东的姓名或者名称、出资方式、出资额及出资比例如表2–4：

表2–4　股东出资情况表

股东的姓名或者名称	出资额（万元）	出资方式	出资比例

第二节　货币出资

一、现金出资

股东以人民币货币出资的，将足额货币存入公司在银行开立的账户。

二、账户信息

账户名称：____________________________________。

开户银行：____________________________________。

银行账号：____________________________________。

三、股东可以用货币出资，也可以用实物、知识产权、土地使用权等，可以用货币估价并可以依法转让的非货币财产作价出资。但是，法律、行政法规规定不得出资的财产除外。对出资用的非货币财产应当评估作价，核实财产，不得高估或者低估作价。法律、行政法规对评估作价有规定的，从其规定。

四、股东应当按期足额缴纳公司章程中规定的各自所认缴的出资额。股东以货币出资的，应当将货币出资足额存入有限责任公司在银行开设的账户；以非货币财产出资的，应当依法办理其财产权的转移手续。

五、股东未按法律规定缴纳出资的，除应当向公司足额缴纳外，还应当向已按期足额缴纳出资的股东承担相应的违约责任。

第四章　股权

一、股东权利

股东作为公司的所有者，享有法律、行政法规和公司章程规定的合法权利。

二、出资证明书的签发

公司成立后，公司董事会应在__30__个工作日向股东签发出资证明书，载明下列事项：

1.公司名称。

2.公司成立日期。

3.公司注册资本。

4.股东的姓名或者名称、缴纳的出资额和出资日期。

5.出资证明书的编号和核发日期。

6.出资证明书由公司盖章。

三、出资证明书的效力

出资证明书是证明股东权益的凭证，从出资证明书的核发之日起，股东便可对公司行使股东权利。

四、出资证明书的变更

发生公司增加资本、股东股权转让等出资情况变更事项时，公司董事会应当在收回原出资证明书后 15 日内向股东签发变更后的出资证明书。

五、出资证明书的补办

股东出资证明书丢失或者损毁的，公司可以补发新的出资证明书。

补发新的出资证明书时，公司可以要求丢失或者损毁出资证明书的股东向公司出具充分的保函，如果该出资证明书丢失、损毁，或者新的出资证明书导致针对公司的不当权利请求出现时，该股东应当对公司进行赔偿。

第五章 股东

第一节 股东资格

一、股东名册

公司董事会应当置备股东名册，记载下列事项：

1.股东的姓名或者名称及住所；

2.股东的出资额；

3.出资证明书编号。

记录于股东名册的股东，可以依股东名册主张行使股东权利。

二、股东名册的变更

公司董事会应当将股东的姓名或者名称向公司登记机关登记；股权登记事项发生变更的，应当自收到有关股权变动文书（包括并不限于新增出资完成、股权转让通知等）之日起30日内办理变更登记。未经登记或者变更登记的，不得对抗第三人。

三、股东除名

以下情况启动股东除名机制：

1.股东未履行出资义务或者抽逃全部出资，经公司催告缴纳或者返还，其在合理期间内仍未缴纳或者返还出资的；

2.经公司通知，在合理时间内不配合公司办理需股东配合的行政事项导致公司不能正常经营的；

3.连续三次不参加股东会也不指派代表参加，对股东会事项不进行表决，导致股东会无法形成有效决议的。

发生上述任一情形的，经过除该行为股东之外的全体其他股东三分之二以上表决权同意，该行为股东被解除公司股东资格。

股东被除名的，应按照其实缴出资额为限向其他股东转让其股权，董事长拥有优先购买权，如董事长未行使优先购买权的，则由其他股东按照出资比例行使购买权。如其他股东未购买的，则公司予以回购并按减资处理。股东对公司或其他股东造成损害的，应当赔偿损失。

第二节　股东权利义务概述

一、股东权利

公司股东享有下列权利：

1.全体股东约定不按照实缴出资比例分取红利或者不按照实缴出资比例优先认缴出资，具体按照股东签署的《股东合伙协议》。

2.参加或委托代理人参加股东会，按照章程约定行使表决权。

3.对公司的经营行为进行监督，提出建议或者质询。

4.选举和被选举为公司董事或监事。

5. 公司解散后，按其实缴的出资比例分得公司的剩余财产。

6. 查阅公司会计账簿，查阅和复制公司章程、股东会会议记录，执行董事的决议、监事的决议和财务会计报告。

7. 股东可以要求内部查阅公司会计账簿，不允许拍照、影印、录像。股东要求查阅公司会计账簿，应当向公司提出书面请求，说明目的。绝对不允许外传和泄露会计账簿信息，否则股东要承担相应的法律责任。公司有合理根据认为股东查阅会计账簿有不正当目，可能损害公司合法利益，可以拒绝提供查阅，并应当自股东提出书面请求之日起15日内书面答复股东并说明理由。

8.法律、行政法规或公司章程规定的其他权利。

二、股东义务

公司股东承担下列义务：

1.遵守法律法规和本章程。

2.依其所认购的股权和入股方式缴纳股金。

3.除法律法规及本章程规定的情形外，不得退股。

4.不得滥用股东权利损害公司或者其他股东的利益。

5.公司股东滥用股东权利给公司或者其他股东造成损失的，应当依法承担赔偿责任。

6.公司股东滥用公司法人独立地位和股东有限责任，逃避债务，严重损害公司债权人利益的，应当对公司债务承担连带责任。

7.股东年满60周岁时，自年龄届满之日股东应退休。退休股东退出管理层，且不再是董事会成员。如存在特殊情况，经股东会三分之二以上股东表决通过，可对退休股东董事或管理层任职予以延期。

退休股东未经股东会予以延长董事或管理层任职期限的，则其股权的三分之一必须转让或退股，转让或退股的价格应按照退休当年公司净资产为标准，计算转让价格向其他股东转让。董事长具有优先购买权，如董事长未行使优先购买权的，则由其他股东按照出资比例行使购买权。如其他股东未购买的，则公司予以回购并按减资处理。另外的三分之二股权可自由选择是否退股或转股。

退休股东转让股权价款分三年予以支付，每年结算一次，未结算的转让价款按银行同期贷款利率计算利息。

退休股东应配合公司及其他股东，按照约定章程办理股权转让手续。

8.股东超过60周岁，经公司同意并办理相关手续后，如留在公司上班，按正常工资发放；如退休在家，可每月领取公司2000元退休工资，直到年满70周岁。

9.法律法规和本章程规定应当承担的其他义务。

三、创始人以及创始团队的权利和义务

1.创始人××担任董事长，董事长对董事会决议事项拥有一票否决权。

2.创始股东具有优先分红权。公司每年利润分红时（公司分配利润是指在公司弥补亏损和提取公积金后的所余税后利润），分红比例由公司董事会根据公司经营情况而定。

分红窗口期为每年的3月1日至3月31日，每年的分红由公司按照国家法律法规代扣、代缴相应的税收和交易费用。

3.未在工商局注册的小股东（持股比例10%以下的股东）要和董事长签署一致行动人协议。

四、创始人以及创始团队的义务

1.如创始人股东（创始人股东指______________，以下相同）超过70岁，或者身体健康原因无法行使股东权利，则可以书面委托其他创始人股东代为出席股东大会、董事会；也可以选择退股，其股权应按照退股当年公司净资产为标准计算转让价格，向其他股东转让其股权。董事长具有优先购买权，如董事长未行使优先购买权，则由其他股东按照出资比例行使购买权；如其他股东未购买，则公司予以回购并按减资处理。

股东转让股权价款分三年予以支付，每年结算一次，未结算的转让价款按银行同期贷款利率计算利息。

2.公司要持续发展，必须保证奋斗者受益，要出让20%~40%的分红收益让企业中高层出资购买，共创、共享、共担，尤其是技术骨干和销售明星。

3.任何在职股东如出现贪污腐败行为或者侵占公司利益，将取消其股东资格，并追究相关的责任。

4.任一股东要签订《竞业协议》《保密协议》和《知识产权协议》。

第六章　公司印章及文件效力

第一节　公司印章

公司印章的使用与管理

公司公章的使用由董事长审批，印章的管理按照董事会通过的有关印章管理制度执行。

第二节　公司文件的效力

一、公司行为的代表

公司通过以下任一方式代表公司行为：

1.加盖公司印章的书面文件。

2.法定代表人以公司名义签字的文件。

3.依据公司章程通过的股东会决议、董事会决议。

以上方式的组合。

二、文件的效力

依照代表公司行为之规定作出的不同文件相互冲突时，除依据公司章程关于任命新法定代表人的股东会决议、董事会决议或者股东直接任命文件外，以董事长签字的文件为准。

第七章　公司的机构及其产生办法、职权、议事规则

第一节　公司股东会

一、公司股东会由全体股东组成，是公司的权力机构，行使下列职权：

1.决定公司的经营方针和投资计划。

2.选举和更换董事、监事，决定有关董事、监事的报酬事项。

3.审议批准董事会的报告。

4.审议批准监事的报告。

5.审议批准公司的年度财务预算方案、决算方案。

6.审议批准公司的利润分配方案和亏损弥补方案。

7.对公司增加或者减少注册资本作出决议。

8.对发行公司债券作出决议。

9.对公司合并、分立、解散、清算或者变更公司形式作出决议。

10.对公司100万元以上的对外担保作出决议。

11.对公司100万元以上的对外投资作出决议。

12.对新股东入股、股权转让、解除股东资格等导致公司股权结构发生变更的事项作出决议。

13.对股东能否经营或参与经营与公司业务相竞争的业务作出决议。

14.对公司与股东或股东的关联公司之间的交易作出决议。

15.对公司主要资产或者核心技术的处置作出决议。

16.对公司的重大技术改变作出决议。

17.对公司聘用、解聘会计师事务所作出决议。

18.审议股权激励计划。

19.修改公司章程。

对前款所列事项股东以书面形式一致表示同意的，可以不召开股东会会议，直接作出决议，并由全体股东在决议文件上签名或盖章。

二、首次股东会会议由出资最多的股东召集和主持，依照《公司法》规定行使职权。

三、股东会会议分为定期会议和临时会议。

定期会议每年召开一次。代表十分之一以上表决权的股东、三分之一以上表决权的董事或监事提议召开临时会议，应当召开临时会议。

四、召开股东会会议，应当于会议召开15日前通知全体股东。

股东会通知应当载明出席和列席人员、会议时间、会议地点、议案内容（表决事项）。

五、股东会会议由董事会召集，董事长主持。董事长不能履行职务或者不履行职务的，由半数以上的董事共同推举一名董事主持。

董事会不能履行或者不履行召集股东会会议职责的，由监事召集和主持；监事不召集和主持的，代表十分之一以上表决权的股东可以自行召集和主持。董事会每半年召开一次。

六、股东不能亲自出席股东会的，可以书面委托他人参加，由被委托人依法行使委托书中载明的权利，但被委托人不得从事与公司相竞争的业务，否则，股东会有权拒绝其参加股东会。而该股东视为对本次股东会表决事项投弃权票。该被委托人亦不得泄露公司商业秘密，否则，该股东与被委托人共同向公司或其他股东承担侵权责任。

七、股东会会议须全体股东人数的三分之二以上出席方才有效。股东会会议由股东按照出资比例行使表决权。

股东会应当对所议事项的决定作会议记录，出席会议的股东应当在会议记录上签名。

股东会会议做出修改公司章程、增加或者减少注册资本的决议，以及公司合并、分立、解散或者变更公司形式的决议，须经代表三分之二以上表决权的股东通过。

股东会会议做出除前款以外事项的决议，须经代表全体股东二分之一以上表决权的股东通过。

八、股东非经股东会决议通过，不得从事与公司业务相竞争的业务。具体参考股东《竞业协议》。

九、公司向其他企业投资或者为他人提供担保，必须经股东会作出决议。其中，公司为公司股东或者实际控制人提供担保的，该股东或者受该实际控制人支配的股东不得参加该事项的表决，出席会议的其他股东所持表决权的过半数，该项表决通过。如果全体股东为关联股东，需要回避表决，则针对该表决事项，全体股东都无须回避。

第二节　公司董事会及总经理

一、公司设董事会，成员为5名，其中董事长1名。除非特殊情况，董事长为××担任，除创始股东委派董事外，其余董事由股东会选举产生。董事任期三年，任期届满，连选可以连任。当创始人股东逐渐退出经营层的时候，经董事会批准，可增加对应公司的负责人为董事会成员。

董事任期届满未及时改选或者董事在任期内辞职，在改选出的董事就任前，原董事仍应当依照法律、行政法规和本章程的规定，履行董事职务。

二、董事会对股东会负责，行使下列职权：

1.召集股东会会议，并向股东会报告工作。

2.执行股东会的决议。

3.决定公司的经营计划和投资方案。

4.制订公司的年度财务预算方案、决算方案。

5.制订公司的利润分配方案和亏损弥补方案。

6.制订公司增加或者减少注册资本以及发行公司债券的方案。

7.制订公司合并、分立、解散或者变更公司形式的方案。

8.决定公司内部管理机构的设置。

9.决定聘任或者解聘公司总经理及其报酬事项，并根据总经理的提名决定聘任或者解聘副总经理、财务总监及其报酬事项，包括重要高管的任命和报酬事项。

10.制订公司的基本管理制度。

11.公司的日常经营和决策。

12.制订和执行公司股权激励计划。

13.股东会授予董事会的其他职权。

三、董事会每年度至少召开2次会议，每次会议应当于会议召开10日前书面通知全体董事。董事会召开临时会议，可以另定召集董事会的通知方式和通知时限。

四、董事会会议，应由董事本人出席，董事因故不能出席，可以书面委托其他董事代为出席，委托书中应载明授权范围。

五、董事会会议由董事长召集并主持；董事长不能履行职务或者不履行职务的，由半数以上的董事共同推举一名董事主持。

六、创始人团队有权委派3名董事。

七、董事会会议应有二分之一以上的董事出席方可举行。董事会决议的表决，实行一人一票。董事会作出决议，必须经董事长在内的过半数董事通过。董事会应当对会议所议事项的决定作会议记录，出席会议的董事应当在会议记录上签名。

八、董事应当对董事会的决议承担责任。董事会的决议违反法律、行政法规或本章程，致使公司遭受严重损失的，参与决议的董事对公司负赔偿责任。但经证明在表决时曾表明异议并记录于会议记录的董事，可以免除责任。

九、公司设总经理，由董事会决定聘任或者解聘。总经理对董事会负责，行使下列职权：

1.主持公司的生产经营管理工作，组织实施董事会的决定。

2.组织实施公司年度经营计划和投资方案。

3.拟订公司内部管理机构设置方案。

4.拟订公司的基本管理制度。

5.制定公司的具体规章。

6.提请聘任或者解聘公司副总经理、财务负责人。

7.决定聘任或者解聘除应由董事会决定以外的管理人员。

8.董事会授予的其他职权。

9.总经理列席董事会会议。

第三节　公司监事

一、公司不设监事会，设监事一人。监事由股东会选举产生，监事为×××。监事任期每三年一届，任期届满，连选可以连任。

监事任期届满未及时改选或者监事在任期内辞职的，在改选出的监事就任前，原监事仍应当依照法律、行政法规和本章程的规定，履行监事职务。

二、董事、高级管理人员不得兼任监事。

三、监事行使下列职权：

1.检查公司财务。

2.对董事、高级管理人员执行公司职务的行为进行监督，对违反法律、行政法规、公司章程或者股东会决议的董事、高级管理人员提出罢免的建议。

3.当董事、高级管理人员的行为损害公司的利益时，要求董事、高级管理人员予以纠正。

4.提议召开临时股东会会议，在董事会不履行《公司法》规定的召集、主持股东会会议职责时，召集和主持股东会会议。

5.向股东会会议提出议案。

6.依法对董事、高级管理人员提起诉讼。

四、监事可以列席董事会会议，并对董事会决议事项进行质询或者提出建议。监事发现公司经营情况异常，可以进行调查；必要时，可以聘请律师事务所、会计师事务所等协助其工作，费用由公司承担。

五、监事行使职权所必需的费用，由公司承担。

第八章 公司的股权转让及继承

第一节 股权转让

一、股权转让

公司股东之间不能自行转让其全部或部分股权，也不能向股东以外的人转让股权。股东有下列情形之一者，必须办理股权退出和转让：

1.不履行本章程规定应尽义务的。

2.不在公司任职董事或高级管理人员的。

3.因病死亡及违法而丧失民事行为能力的。

4.违反本章程规定给公司造成经济损失或严重影响，经股东会二分之一以上表决通过的。

除本章程另有约定外，以上情况由公司持股委员会负责处理。根据公司股权激励计划，指定受让人按照相应条件，受让退出股东股权；在暂未确定受让人的情况下，由董事长予以受让。

退出股东承诺，股权退出时按照退出当年度公司净资产标准计算股权价款。

股权价款分三年予以支付，每年结算一次，未结算的转让价款按银行同期贷款利率计算利息。

退出股东应配合公司及其他股东，按照章程约定办理股权转让手续。

二、未经同意之股权转让的法律效力

在其他股东已经明确表示反对转让并提出购买其不同意转让的股权，或者虽同意转让股权但明确表示行使优先购买权的情况下，拟转让股权的股东仍不顾其他股东的反对，强行将股权转让给非股东，该行为为无效行为。

三、股权转让的变更登记

公司应该积极协助股东，按照本章程规定对转让的股权进行变更登记，并及时出具新的出资证明书等。

四、企业性质变更

股权转让导致公司股权全部归于一人的，公司应当及时到工商行政管理部门申请变更企业形态为一人有限责任公司。

五、股权的质押

股东未经股东会审议不得自行质押或进行其他处置其所持有的公司股权，该等处分行为可能会损害公司利益。任何可能损害公司利益的行为，股东均不得擅自为之，否则处分行为无效，且如导致公司或其他股东产生损失，应予以赔偿。

第二节　股权继承

股权的继承

自然人股东死亡后，其合法继承人不可以继承股东资格。

经董事会审议、股东会决议后，继承人继承股东资格的除外。

自然人股东死亡后，其继承人有下列情况之一的，不能继承被继承人所持有的股权：

1.不具有中国国籍，也不具有在中国的长期居住权。

2.无民事行为能力或者民事行为能力被限。

3.因贪污、贿赂、侵占财产、挪用财产或者破坏社会主义市场经济秩序，被判处刑罚，执行期满未逾5年，或者因犯罪被剥夺政治权利，执行期满未逾5年。

4.担任破产清算的公司、企业的董事或者厂长、总经理，对该公司、企业的破产负有个人责任的，自该公司、企业破产清算完结之日起未逾3年。

5.担任因违法被吊销营业执照、责令关闭的公司、企业的法定代表人，或负有个人责任的，自该公司、企业被吊销营业执照之日起未逾3年。

6.个人所负数额较大的债务到期未清偿。

7.一份股权有两个以上继承人，必须分割股权的。

自然人股东死亡后，其合法继承人无继承资格的，其股权按照当年公司净资产为标准计算转让价格，向其他股东转让其股权，董事长具有优先购买权，如董事长未行使优先购买权的，则由其他股东按照出资比例行使购买权。如其他股东未购买的，则公司予以回购并按减资处理。

股东转让股权价款分三年予以支付，每年结算一次，未结算的转让价款按银行同期贷款利率计算利息。

第九章　董事、监事、高级管理人员的资格和义务

一、高级管理人员定义

高级管理人员是指本公司的总经理、副总经理、财务负责人。

二、不得担任公司的董事、监事、高级管理人员的情形

有下列情形之一的，不得担任公司的董事、监事、高级管理人员：

1.无民事行为能力或者被限制民事行为能力。

2.贪污、贿赂、侵占财产、挪用财产或者破坏社会主义市场经济秩序，被判处刑罚，执行期满未逾五年，或者因犯罪被剥夺政治权利，执行期满未逾五年。

3.担任破产清算的公司、企业的董事或者厂长、总经理，对该公司、企业的破产负有个人责任的，自该公司、企业破产清算完结之日起未逾三年。

4.担任因违法被吊销营业执照、责令关闭的公司、企业的法定代表人，或负有个人责任的，自该公司、企业被吊销营业执照之日起未逾三年。

5.个人所负数额较大的债务到期未清偿。

公司违反前款规定选举、委派董事、监事或者聘任高级管理人员的，该选举、委派或者聘任无效。

董事、监事、高级管理人员在任职期间出现本条第一款所列情形的，公司应当解除其职务。

三、董事、监事、高级管理人员义务

董事、监事、高级管理人员应当遵守法律、行政法规和公司章程，对公司负有忠实义务和勤勉义务。

董事、监事、高级管理人员不得利用职权收受贿赂或者其他非法收入，不得侵占公司的财产。

四、董事、高级管理人员不得有下列行为：

1.挪用公司资金。

2.将公司资金以其个人名义或者以其他个人名义开立账户存储。

3.未经股东会同意，将公司资金借贷给他人或者以公司财产为他人提供担保。

4.未经股东会同意，与本公司订立合同或者进行交易。

5.未经股东会同意，利用职务便利为自己或者他人谋取属于公司的商业机会，自营或者为他人经营与所任职公司同类的业务。

6.接受他人与公司交易的佣金，归为己有。

7.擅自披露公司秘密。

8.违反公司忠实义务，进行其他行为。

董事、高级管理人员违反前款规定所得的收入应当归公司所有。

五、董事、监事、高级管理人员责任承担

董事、监事、高级管理人员执行公司职务时违反法律、行政法规或者公司章程的规定，给公司造成损失的，应当承担赔偿责任。

第十章 总经理及其他高级管理人员

一、总经理的任免

公司设总经理1名，设副总经理1名，财务负责人1名，由董事会聘任或解聘。

二、董事兼任

董事可受聘兼任总经理、副总经理或者其他高级管理人员。

三、总经理的资格

存在《公司法》第146条规定情况的人员，不得担任公司的总经理。

四、总经理的任期

根据每年绩效达标情况予以续聘、表扬或解聘总经理。

五、总经理的职责

总经理对董事会负责，行使下列职权：

1.主持公司的生产经营管理工作，并向董事会报告工作。

2.组织董事会决议，实施公司年度计划和投资方案。

3.拟定公司内部管理机构设置方案。

4.拟定公司的基本管理制度。

5.制定公司的具体规章。

6.提请董事会聘任或者解聘公司副总经理、财务负责人等高级管理人员。

7.聘任或者解聘除应由董事会聘任或者解聘以外的管理人员。

8.拟定公司职工的工资、福利、奖惩，决定公司职工的聘用和解聘。

9.提议召开董事会临时会议。

10.公司章程或董事会授予的其他职权。

六、列席董事会议

总经理列席董事会会议，未担任公司董事的总经理，在董事会上没有表决权。

七、总经理报告

总经理应当根据董事会或者监事的要求，向董事会或者监事报告公司重大合同的签订、执行情况、资金运用情况和盈亏情况。总经理必须保证该报告的真实性。

八、总经理工作细则

总经理应制定总经理工作细则，报董事会批准后实施。

九、工作细则的内容

总经理工作细则包括下列内容：

1.总经理会议召开的条件、程序和参加的人员。

2.总经理、副总经理及其他高级管理人员各自具体的职责及分工。

3.公司资金、资产运用，签订重大合同的权限，以及向股东会、董事会的报告制度。

4.股东会、董事会认为必要的其他事项。

十、总经理操守

公司总经理应当遵守法律、行政法规和公司章程的规定，履行诚信和勤勉义务。

十一、总经理辞职

总经理可以在任期届满以前提出辞职。有关总经理辞职的具体程序和办法由总经理与公司之间的劳务合同规定。

十二、高级管理人员的责任

高级管理人员要签署《绩效责任状》《知识产权和保密协议》《竞业协议》等相关协议。执行公司职务时违反法律、行政法规、部门规章或本章程的规定，给公司造成损失的，应当承担赔偿责任。

第十一章　财务与审计

第一节　财务会计制度

一、财务报告的编制

公司依照法律、行政法规和有关部门的规定，编制公司的财务会计制度，向股东、董事、监事、高级管理人员提供财务报告。

二、财务报告的编制期限

公司在每会计年度终了时制作财务会计报告，依法经审查验证后，于第二年1月30日前送交各股东。

三、财务报告的内容

财务会议报告包括下列会计报表及附属明细表：

1.资产负债表。

2.损益表。

3.财务状况变动表。

4.财务情况说明书。

5.利润分配表。

第二节　利润分配制度

一、公司分配当年税后利润时，应当提取利润的10%列入公司法定公积金，并提取利润5%~10%列入公司的发展基金。公司法定公积金累计额为公司注册资本的50%以上的，可不再提取。

二、公司在从税后利润中提取法定公积金后，经股东会决议，可以提取任意公积金。

三、研发和技术革新费用作为财务预提，不低于营业额的1%或者不低于利润的5%。

四、虚拟股权参考《虚拟股权分配方法》。

第十二章 解散与清算

一、公司解散的条件

公司有下列情形之一的可以解散：

1.公司章程规定的营业期限届满或者公司章程规定的其他解散事由出现时。

2.股东会决议解散。

3.因公司合并、分立解散。

4.公司被依法宣告破产。

5.公司被依法责令关闭。

二、公司清算

公司解散时，应依据《中华人民共和国公司法》的规定成立清算组对公司进行清算。清算结束后，清算组应当制作清算报告，报股东或者有关主管机关确认，并报送公司登记机关申请公司注销登记后公告公司终止。

第十三章 通知与公告

一、会议通知的形式

公司的通知以下列形式发出：

1.以专人送出。

2.以邮件方式送出。

3.在公司网站以公告方式进行。

4.公司章程规定的其他形式。

二、通知地址

股东邮寄地址，以股东名册登记地址为准。董事、监事、高级管理人员、公司员工的邮寄地址，以在公司预留登记的地址为准。

如有地址变更，应由该股东、董事、监事、高级管理人员、员工及时通知公司，并变更登记地址，未能及时变更地址的自行承担后果。

公司认为登记地址具有不准确的可能性的，可以同时以股东、董事、监事、高级管理人员、员工的身份证地址、护照地址或者法人执照注册地址等地址作为邮寄地址的补充，双重邮寄。

三、股东会会议通知

公司召开股东会的会议通知，以中国邮政EMS邮寄方式进行。

四、董事会会议通知

公司召开董事会的会议通知，以专人、邮寄或传真送达书面通知的方式进行。

五、通知的送达

公司通知以专人送出的，由被送达人在送达回执上签名（或盖章），被送达人签收日期为送达日期。

公司以邮件送出的，自寄出之日起（次日起算）满三日视为送达。

公司通知以公告方式送出的，自第一次公告刊登日起第五日为送达日期。

如通过传真、电话、短信、微信、电子邮箱等方式通知，自被通知方确认收到之日视为送达。

六、会议通知的遗漏

因意外遗漏未向某有权得到通知的人送出会议通知或者因意外等原因，致使受通知人没有收到会议通知，会议及会议作出的决议并不因此无效。

七、公司信息披露

公司以在公司微信群刊载公司公告和其他需要披露的信息。

第十四章　修改章程

一、章程修改的条件

有下列情形之一的，公司应当修改章程：

1.《公司法》或有关法律、行政法规修改后，章程规定的事项与修改后的法律、行政法规的规定相冲突。

2.公司的情况发生变化，与章程记载的事项不一致。

3.股东会决定修改章程。

二、章程修改议案

董事会依照股东会修改章程的决议修改本章程。

三、章程修改的生效

本章程的修改议案经股东会决议通过后生效。对公司、股东、董事、监事、高级管理人员等产生法律约束力。

修改后的章程文本，应及时通知未参加该次会议的股东、董事、监事以及高级管理人员。

在完成工商登记变更之前对第三人的公示效力，依照法律规定。

第十五章　附则

一、章程中的数字

本章程所称“以上”“以内”“以下”都含本数；“过”“超过”“以外”“低于”“多余”不含本数。

二、章程解释

本章程由公司董事会负责解释。

股东、监事、董事以及高级管理人员对董事会的章程解释有异议的，可以经由单独或者合并持有公司10%以上表决权的股东或者监事，按照公司章程规定的提案程序向股东会提案，由股东会通过决议，对争议条款及事项予以解释。

三、章程的实施

本章程自全体股东盖章、签字之日起生效。

（本页以下无正文，为公司章程签署页。）

法人签字：

签署日期：　　　年　　月　　日

第二节

股权第11计之拆分计：小

把公司做大是本事，做小更是本事。“小”就是拆分，比如公司可以拆成多个事业部，像家电行业那样，每个事业部都可以裂变式创业，可以独立融资，可以独立招商。

海底捞当年因为餐饮业通用的发票问题而不能上市，于是海底捞将它的供应链进行拆分。供应链拆分之后，就变成了一家做火锅底料的公司，叫颐海国际，这家公司在香港上市，市值达到了几十亿。不仅如此，集团的人力资源部、信息部、广告部都变成了独立的公司。公司越多，代表着公司越多元化，代表着组织颗粒化、组织多中心，如此会产生更大的生产力。海底捞裂变系统，如图2–2所示。

韩都衣舍也是把公司拆分成1000多个工作小组，拆就是做小。

当年，稻盛和夫在把企业做大的过程中，分身乏术，非常苦恼，他就在想，能不能像孙悟空一样，拔根毫毛就可以变出更多的领导人呢？于是想出了阿米巴的经营哲学。将公司拆分成一个又一个的工作组，每

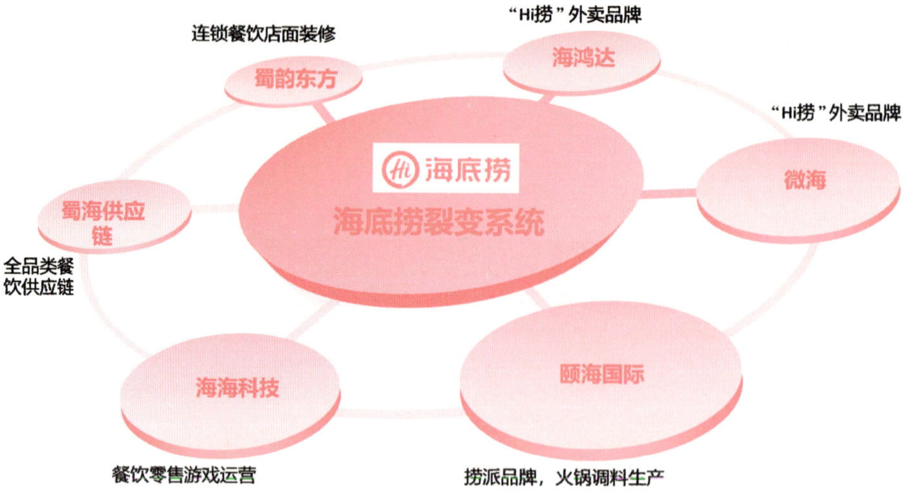

图2-2　海底捞裂变系统

十个人为一个经营单元，经营单元负责人为一个阿米巴小组的巴长。如此，每一个小单元的经营水平就会越来越高。每一个小单元都会有即时、透明、公开的数据核算，每一个工作单元都会持续不断地去改进绩效，整个公司自然就会越来越强大。

京瓷因为其强大的阿米巴逻辑，公司持续60年盈利，在2008年金融危机的时候，日本的索尼、本田等企业全线亏损，京瓷却依然保持高盈利。

在1987年的时候，森田植行向稻盛和夫汇报工作说："公司已经做到了如此巨大的销售额，我们现在可以考虑，把我们的阿米巴经营学问，分享给更多的企业，造福更多的创业者。"稻盛和夫赞许道："你不经常说话，一说话还是有道理的。"于是，阿米巴这个原本秘而不宣的方法，开始帮助更多的企业提高绩效管理。

阿米巴的拆分最大的好处是：培养出更多的领导人。由于拆分，使得京瓷有了1000多个阿米巴工作小组。过去在企业没有机会担任中高管的员工，成为了组长，他们要承担经营的压力，承担风险和责任。在公司，如果阿米巴小组经营是赤字的，都不被允许走在公司走廊的正中间，必须要走在走廊的边上。可想而知每一个阿米巴工作小组所面对的压力和挑战，正因为如此，才会诞生一个又一个卓越的领导人。因为承担，所以成长。

阿米巴的经营逻辑，不仅让京瓷成为世界五百强企业之一，后来再度帮助智睿咨询（DDI）挺进世界五百强。更传奇的是，在稻盛先生77岁的时候，他只带了两大高手，去拯救已经破产的日本航空。日本航空当时一年亏损相当于144亿元人民币。稻盛和夫带的两位高手，一位是大田先生，一位是森田先生。大田负责企业文化和经营哲学，而森田负责经营会计、实学。当时，日航像一个巨大的财务黑洞，没有人知道日航这段时间究竟是赚钱还是亏损。随着阿米巴的持续推进，组织将每一架飞机独立核算，每架飞机的空姐都会竭尽全力地来销售飞机上的纪念品，来增加每一架飞机的产出和产值。阿米巴经营的结果是惊人的，一年就节省了800亿日元的预算。稻盛和夫说："把预算这个词改掉，公司没有预算，只有计划。"很多空姐都把自己的大瓶洗发水换成小瓶的，甚至连口红都不会带上飞机，因为要减轻飞机的负重。

我们去过这个稻盛和夫曾经战斗过的地方，从2011年到2014年，稻盛先生将日航从负债几百亿做成世界准点率第一名的航空公司。我们在纪念馆里欣赏了日航每年的纪念品和荣誉墙，重温了那段历史和故事。

我问接待我的本田先生："为什么稻盛先生能够将日航扭亏为盈，

起死回生？”他说：“因为稻盛先生调动了大家的积极性。”我又问：“如何调动积极性？”他说：“因为稻盛先生每两个月会召开一次员工大会，他在会上无话不谈，把日航打造成了一个透明玻璃瓶一样的经营体，让员工能知道自己的业务单元是赚钱，还是亏损。”

在我问到日航公司的经营哲学时，他分享说：“日航的经营哲学能够造就一家人，即一家亲的和谐团队，构建血浓于水的关系。”

随后我们参观了日航工厂（见图2-3），在工厂现场赫然映入我们眼帘的是四个大字“整理整顿”。整个飞机的起飞准备工作非常的严谨和细致。我们和飞机跑道来了一次零距离的接触，一架一架的飞机从身边飞起，场面非常壮观！临行前我们和日航一位在岗40多年的老员工合影，感受到了他对日航的尊重和敬意，从而也感受到了日航浴火重生、凤凰涅槃的勇气和决心。

图2-3　日航工厂现场图片

我曾于早稻田大学银座分校，聆听了森田先生的演讲（见图2-4）。

森田先生一来就鞠躬表示感谢，向我递送名片，礼仪得体、精神矍铄，很难想象这是一位77岁的老人。

图2-4　森田直行参会图片

我们的课程是下午一点四十分开课，结果一点半就已经正式开课了。老先生先讲了日航划小经营单元，创造了破产重生的奇迹。让一个负债几百亿的破产企业重生，真的是无比艰难的一个挑战，大家都伤透了脑筋。通过反复琢磨，他们发现日航最大的问题就是没有人对利润负责，因此特别成立了经营管控部，对每一趟航线的利润负责，尤其对不赚钱的航班要做调整。

日航历史上从来没有在二月份赚过钱，原高层回答是因为二月份时间太短了。令人没有想到的是，变革一年半后，二月份开始，日航奇迹般地盈利了。更厉害的是，在推行阿米巴经营逻辑两年后，日航净盈利150亿元人民币，并且成为全世界航空业准点率最高的航空公司，全球盈利率最高的航空公司。日航每一个部门都以经营数据的改善为乐，这真是不可思议！

阿米巴的逻辑就是上下一致，人人皆是经营者。

我们曾为一家环保企业做过咨询，该企业一年有接近两个亿的销售额。在我国环保产业可谓是方兴未艾，蓬勃向上，整个中国也都处于让天更蓝，让水更绿的状态。

这家环保公司具有非常高的施工资质，很多人都想与其合作，然而都被他们一一拒绝了。环保公司之所以不与其他公司合作，第一是因为担心影响公司的品牌，第二是没有想清楚如何合作。

对于这个公司的股权制度设计，存在着三个非常重要的方面：

1.内部的优秀员工、项目经理、营销经理，是否可以参与到项目本身之中。由于做工程项目，利润的结款非常晚，需要一两年才能结款，所以需要提前做一个财务分析和规划，来确定公司项目的利润率，同时预支分红，这样才能保证激励的及时性和有效性。

2.如何能够把外部的资源引进来，有三个非常重要的方法，第一个就是代理商，投钱成为公司的合伙人；第二个是资源商，不投钱但是介绍客户也可以分润；第三个是运营商，成为片区的合伙人，成为片区的合伙人，运营商不仅可以分润，甚至可以享受公司股东的资格。

3.如何帮助一个传统的工程企业，成为一个指数型组织。

其中包括许多关键的方法：

（1）第一个关键方法是把公司拆分，从做大变成做小：设计公司、销售公司、设备公司都可以独立；公司越小，其责任感和主人意识越强，此时正是裂变式创业的最佳时机。

（2）第二个关键方法是能够把外部的人才为你所用，要建立一个“用而不在”的机制。

（3）第三个关键方法是撬动资产的杠杆，让全中国的闲置资源，认知盈余，为我们所用，包括人才、资源、资金等。

公司可以按照产品类别不同进行拆分。例如宝洁，在洗发水这一产品类别上，就细分了多个不同的品牌，海飞丝专注去屑；潘婷注重营养；飘柔强调的是发质的柔顺感。不管你选哪一款品牌的洗发水，钱都会进入宝洁的账户。

总之，股权拆分的三个逻辑就是，第一根据项目和部门来进行拆分；第二根据产品的功能来拆分；第三根据地区来拆分。

第三节

股权第12计之裂变计：多

企业不仅需要做大，还需要做多，做成版图。要学会裂变，要学会将分公司变成新的创业模块。当年，马化腾找了一个工作小组制作了一个新项目，这个项目改变了腾讯公司的命运，它就是微信。

企业往下做，要做成一个平台，把子公司的股份分掉，把他们变成创业者。

通常来说，子公司创业者的操作步骤和操作流程如下：

1.要明确创业项目是一个战略性的项目。

2.通过大家自荐或民意投票选举出创业者。

只有坚持自觉自愿的原则，才能够将事情做好。就像稻盛先生当年要做通信业，所有董事都持反对意见，只有一个人愿意跟他一起干。稻盛先生便说："那让我们两个人开始吧。"

3.创业者一定要投钱，可以占30%的股份。

阿里巴巴集团旗下大数据营销平台——阿里妈妈，这个项目初始启动资金为200万元，采取内部招募创业者的形式。令人没想到的是竟然有高管辞职来做这个项目，操盘团队可以享受30%的股份，也就是投资60万元。这群裂变的创业者们决定自己不拿一分钱工资，办公地点选在了湖畔花园，因为这里可以免房租。他们还从公司找到了2700台使用超过三年的旧电脑，开始了零成本运作，最后，竟奇迹般地把阿里妈妈这个项目做成功了。

4.裂变式的创业者还可以享受一定比例的分红股，通常在10%~30%之间，并不会因为有了注册股，就不可以享受分红股，这两者是可以同时享受的。但是，分红股一定是多劳多得的，一定是与净业绩和净利润挂钩的。这样，创业者就会有“两块钱”，一块是投资的股份，另外一块是经营的超额分红。

在实际分配的时候，可以采取“532分配法”，即50%与注册股份、投资有关，30%与经营分红有关，20%作为留存收益，以备企业未来发展之需。

在我多年的咨询工作中，有一个学员的案例令我大受启发。这个学员是做二手房业务的，他们有接近2000多家的门店，这些门店是怎么开出来的呢?

案例1：一家房地产公司的事业合伙人计划

店长享受门店50%的股份，需投资。上级店长，即母店长，也就是培养店长的店长，可以享受该店25%的股份。

上级的领导人也就是大区领导人，称之为董事、监事和大股东。必须是在排名前60位的体系里，可以享受该店12.5%的投资入股款，一旦他的排名滑落出前60名，将没有办法再享受大股东资格。因此，所有的董事、监事、大股东，都要全力以赴，以确保自己的地位。（见图2–5）

图2–5 层层递进制

这里面有一个最重要的制度设计，就是层。

层层递进制，确保当事人有50%的大股份，确保上级店长有心情、有状态、有意愿来培养店长，因为培养店长之后，他还可以享受该店25%的股份。而作为大股东、董事、监事，如果业绩不达标，三个月之内将会重新排名，将不再有投资入股的机会。

这是一个动态的股权调整，一个动态合伙人的策略和方案。董事、监事，还有大股东的考评是考评总业绩、总利润、平均业绩、平均利润，然后进行平均分的排名这样可以确保店多和店少的人都有同样的机会去竞争。

销售员的佣金是37.5%。每突破5万元业绩，佣金增加五个点，最高可以拿到接近60%的佣金。营销团队伙伴月收入60万元，是很正常的事情。

团队可以培养自由经纪人，享受30%的佣金，然后中间可以享受到7.5的差额，不管谁签的自由经纪人，外部合伙人都可以享受到对应的这种服务奖，也就是差额奖。这样可以把外部的资源无限地运用和拓展。

这样一套人才快速裂变的机制，使得这家连锁门店拓展到了上千家，年营业额做到了1.8亿元。

通过上述案例，我们知道了，谁把公司做成了平台，谁就拥有了人才。

第四节

股权第13计之并购计：大

企业不是做大的，而是买大的，是收购做大的。

并购有两个词组成，一个是兼并，一个是收购。兼并，是把别人并过来，对方的主体就不存在了；收购是你用控股的方式拥有这家公司，对方的主体依然会存在。

有一次，我与原华为林总交流，他曾帮助华为完成了几十亿美金的并购，现在一家世界500强企业负责并购。我就问他："企业为什么要做并购呢？"他说："做企业要有两只眼，一只眼睛向内看，负责把自己做好；另外一只眼睛，负责往外看，看看有没有好的项目，好的资源，可以直接进入。"

李嘉诚在做企业时，把有的企业当做儿子养，有的企业当做鸡养，有的企业当做女儿养，还有当作猪养的。当鸡养，就是企业要慢慢做，每年可以有分红；当做儿子养，就是把别人的女儿并购回来；当做女儿养呢，就是把自己嫁掉；当做猪养的话，是要把企业彻底卖掉。我们看到李嘉诚收购了很多英国的电力公司、供水公司，采用的就是直接并购，而他把国内的很多地产项目都卖掉，相当于把地产项目当做猪一样卖掉了，从这一点就能看出他真是名不虚传，十分厉害。

美美佳装饰创始人刘黄英，从计算机零售企业出发，跨领域从事装修行业。其装修公司别有洞天，错层、跃层、架空、下沉式设计，空间感十足，设计感非凡。油画、绿植、茶吧，1000多平方米的办公场地，让人感到非常惬意、舒畅，不由得让人为其华丽转行而感叹。

记得在四年前为美美佳在做咨询时，当时办公场地还只有200多平方米，营业额在两三千万元左右。美美佳为何能在竞争如此激烈的家装行业脱颖而出呢？

家装行业貌似是一个非常传统的行业，其实其中玄机无穷。内部可以推行事业部制、合伙人制。划小经营单元，进行独立核算，根据预算来进行利润的划分及节省成本的奖励，同时进行超额利润的分享，使得员工的积极性分外高涨。

我曾经辅导过一家烘焙面包企业。这家企业是从团餐起家的，一年销售额达几个亿，因为预估市场潜利大，就想多开几家烘焙面包坊，于是投资了上千万资金，开了三家店。但结果是，一家店亏损，一家店赢利，还有一家店勉强保本。每次我去咨询时，发现高管都在换人，经营状况非常艰难。

后来，我就跟面包坊的创始人交流，建议他把一些不错的面包坊，直接买下来。后来我们发现了一家面包坊，已经开了30多家分店，有上百位训练有素的员工，90%的门店盈利。这家面包坊竟然只要1000多万就可以控股。那与其这样，何必自己做呢！这就是并购的妙用，你可以直接把它买下来，而不是和他成为对手。

很多年前，世界上最大的广告公司——奥美广告公司，就被一个卖电缆的公司给收购了。所以，你没有必要成为行业中的第一名，但是你可以买下行业的第一名！

综上所述，并购过程中，需要注意三个方面：

1.我们事业的版图是什么。譬如阿里在并购的时候，新浪微博是用来引流的；高德导航是用来增加顾客黏性的。所以在并购中首先要思考事业的版图，即你要选择和谁合作。

2.要注重这家公司的创始人和他的成长前景。

3.并购需要一个合理的价格。

第五节

股权第14计之决策计：权

作为一个企业的创始人，一定要学会永保决策大权，受益要分散，决策要集中。正如家有千口，主事一人。

在股权的整个架构设计中，一定要学会在股权稀释或者转让的过程中，时时把持企业的决策大权。

马云在没有创立阿里巴巴之前，曾做过一个叫“中国黄页”的网站，和电信旗下的一家三产公司竞争得非常激烈。对方提出愿意以估值200万元来收购马云70%的股份，投资140万元。董事会对方占五席，他们占两席。马云听后觉得很有道理，对方给200万元，简直令人喜出望外。但现实的结果是，每次公司做出一个决策，还没有讨论，对方五个人就举手反对，而自己没有决策权，于是活生生把这家公司给拖垮了。后来马云在二次创业的时候，发誓一定要永保董事会的决策大权，于是，他和蔡崇信商议，学习高盛，建立了合伙人制度，成为了阿里巴巴董事会的永久合伙人，自己则相当于董事长的上级。

在中国，包括雷士照明、大娘水饺在内的很多企业都是在出让股份的时候，丧失了公司的决策大权。而上海绿地房产却利用有限合伙企业“上海格林兰投资”（见图2-6、2-7），有限合伙企业GP管LP的方式，只用注册资本10万元人民币的有限责任公司就掌控了几百亿元资产公司的控制权。

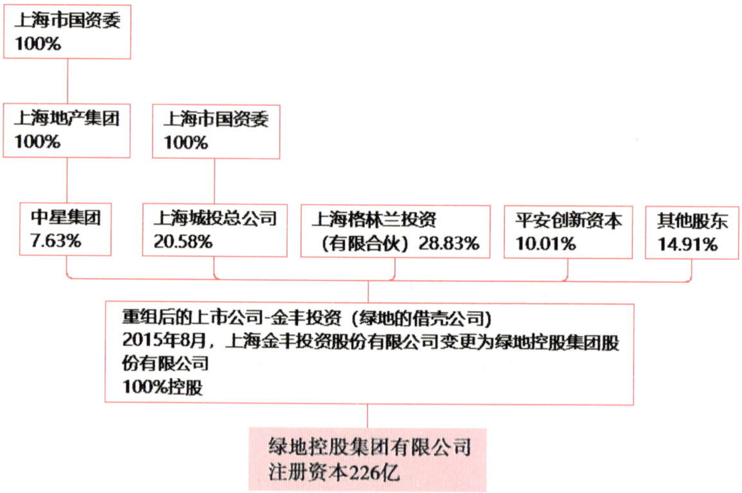

图2-6　绿地控股集团股东架构

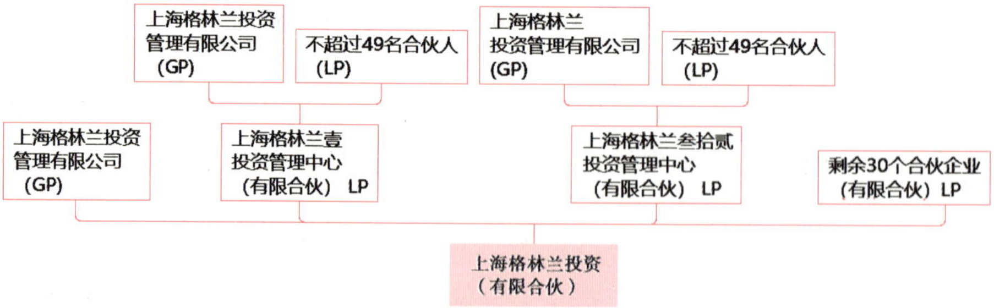

图2-7　上海格林兰投资公司股东结构

想要永保决策大权，主要有以下七种方式：

1.章程的约定。

2.通过有限合伙企业来控股，建立一个持股平台。因为有限合伙企业中，只要有0.1%的股份，就可以担任GP，享有公司的决策权（详见下图2-8、2-9）。

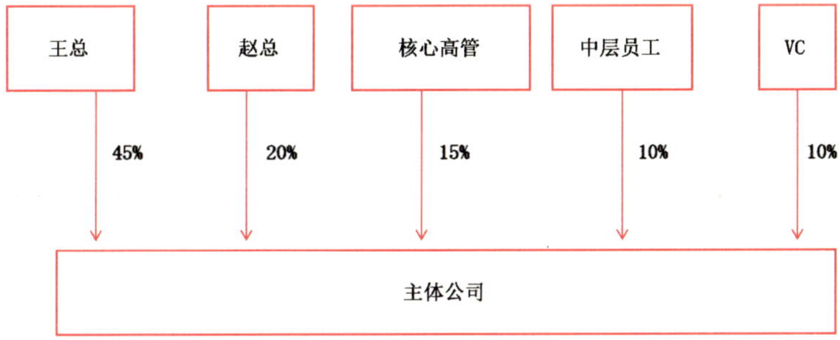

图2-8 传统股权结构

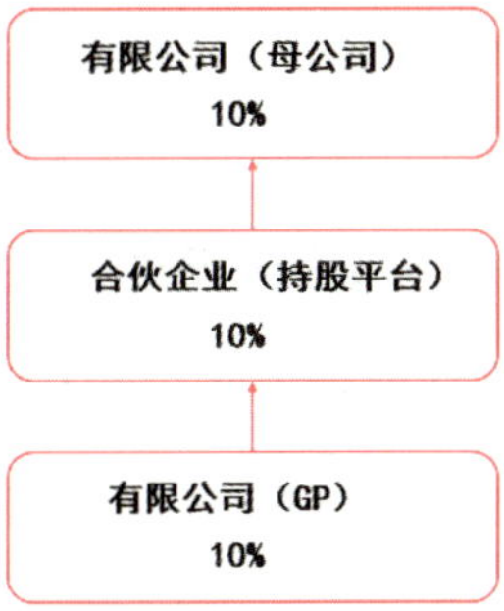

图2-9 股权激励合伙企业常见架构

3.海外企业适合用AB股的方式，AB股又称创始人保护制度。关于这一点在《股动人心》一书里面有详细的描述。

4.通过一致行动人或者是合并表决权，与小股东、激励对象、投资人签署一致行动人的协议。

5.通过股权代持的方式，自然就代为拥有了表决权。

6.可以要求拥有一票否决权。如华为的任正非虽然只有1.42%的股份，却拥有绝对的表决权。

7.合伙人架构。例如，阿里巴巴和高盛就是采用的合伙人架构（见图2-10）。

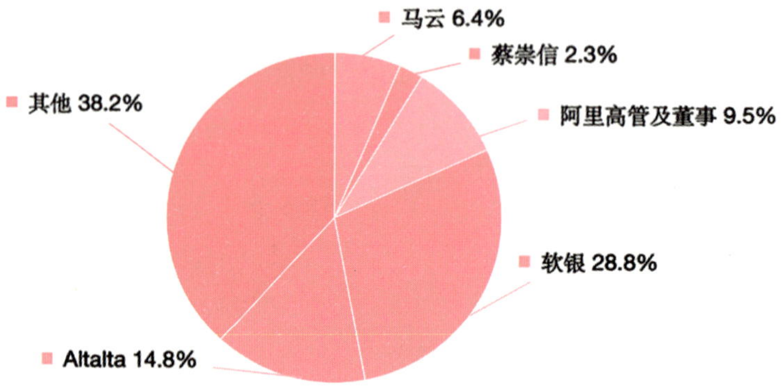

图2-10　阿里巴巴股权架构

要记住，你的决策权比你的股份更重要。即使你只有1%的股份，但是你拥有公司的决策大权，你就拥有了公司100%的利润支配权。

第六节

股权第15计之分层计：级

分层就是分层级来设计股权种类。

分层有几个角度，从大的角度来说，公司应该分为资金股、资源股、人力股、期权池，这个在另外的计谋中有介绍。

一、公司层级

从公司层级的角度来设计的话，可分为高层、中层和基层（见图2-11）。

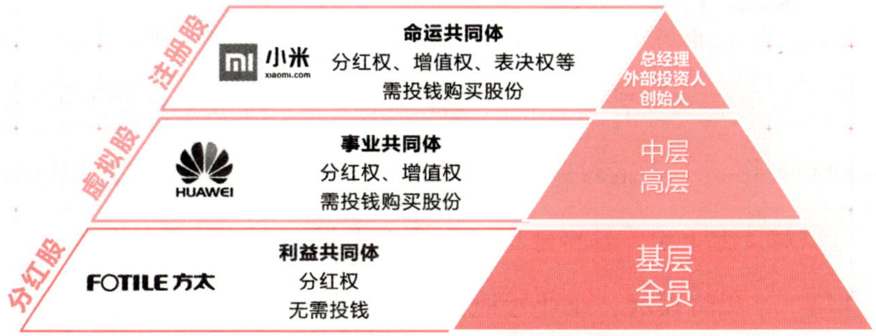

图2-11 基层、中层、高层常见股份类型

1.基层

基层全员通常是分红股，称为经营合伙人，划小经营单元，独立核算，以利润为导向。

2.中层

中层，是以虚拟股投资，事业合伙人为导向，要与其同呼吸，共命运。

3.高层

高层，可以是期权，甚至是注册股东，成为公司的命运共同体，享所有权，包括从分红权到增值权。

二、三大思维误区

创业做股权设计时，会存在三大误区观念：

1.第一个思维误区，企业规模较小时，不需要做股权激励设计。

企业越小，越需要好种子；企业越小，越需要顶层设计；企业越小，越需要奠定基石。变革激励制度在前，优化管理制度在后。企业越小，越需要激活人心；企业越小，越需要分明天的钱，而不是分今天的钱；企业越小，越需要高屋建瓴，具有高度前瞻性。

2.第二个思维误区，企业不上市不需要做股权激励。

不上市更需要激活员工的积极性，不上市更需要运用非上市公司股权激励来运作。不一定对接资本市场，可以对接投资人，可以对接合伙人，可以对接上下游，这样才能产生深度力量。

3.第三个思维误区，企业亏损，不需要做股权激励。

企业之所以亏损，是因为企业没有动力、没有活力。因此，更需要做活力、动力、势能的设计，更需要做动态股权的引领。那么，企业如何引领员工从低迷中走出来？此时，股权的架构和股权的激励设计尤为重要，尤其要有一个高效能、高动态的股权设计，才能让企业扭亏为盈，浴火重生！

三、公司关系设计

公司关系设计分为以下三种：

1.兄弟关系

兄弟关系是平级的，股东可能是一样的，但双方的利益彼此不涉及。如复星集团下属有钢材企业、医院、地产企业，这就属于兄弟关系。

2.总分关系

设立分公司，由总部来管理。其好处就是分公司可以与总公司合并纳税。比如分公司亏损500万元，总公司盈利500万元，报表一合并，利润为零，也就是说不需要交税。但是，分公司由于没有独立法人，其相关民事责任将会由总部来承担。

3.母子关系

子公司是有独立法人的，甚至可以独立上市、并购和融资，也可以独立享受税收的优惠政策，但是它不能与母公司合并纳税，也可以直接吸收工商注册股东。

公司间关系设计的秘诀，就是同行业要用总部和分公司的关系；上下游要用母子的关系；多元化的公司，那就用兄弟之间的关系。

第七节

股权第16计之众筹计：力

过去，我们在做股权设计的时候，都是以投资人或是创业者自身的资金来运营公司。这样的话，你的压力会非常大。你完全可以换一种众筹的玩法，集合众人之力，方得天下伟业。

假如你投资一家店需要100万元，如果你把80万元拿出来让别人去投资，找20个人，每个人投资四万元，这样你投资的压力将会大大减轻。如果一年赚50万元，你分掉80%，那你还有10万元可以赚。这种逻辑就是众筹的逻辑，要相信群众的力量是无穷的。

我有一个朋友是做船运行业的，去年做了2.6亿美金，他的业务是向世界上最大的船厂去卖船，一艘船要3000万美金。

在急剧变革的商业时代，他不再把船卖给客户了，卖船的钱将会由银行出，银行负责贷款。买船的客户只需出租金就可以了，不需要一次性固定资产的投入。

那么卖船的人可以挣什么钱呢？

首先，通过银行贷款的过程中，卖船的人可以赚取金融利差，大概在两个点。其次，他可以对船舶做设计，设计费大概在100万美金。再次，在卖船的过程中，船厂是自己的，本身就有利润。最后，这艘船12年至15年以后，可以再把它卖掉，这艘船的残值还有60%左右。

这就是用社会的钱，用大众的钱，获得多元化收入。

美国有一家网站，去年众筹所得到的金额是30多亿美金，非常惊人。这是一个众筹的时代，你根本不知道谁能够帮到你。由于互联网的存在，使得资金可以瞬间连接，支付变得无比的简单，对方如果对你的项目感兴趣，可以直接转账到你的账户上，这将预示着好运的到来。

另一方面，由于中小微企业自身的资质有限，无法涉及非常高科技的领域，比如说人工智能、无人驾驶等。如果你试图想获得红杉资本、IDG、鼎晖这样世界级投资公司的青睐，完全不现实。那么，在这种情况下，你更需要依赖群众的力量。

我们有一个客户是做母婴行业的，她召集了一群宝妈来进行说明会的讲解，每个宝妈可以投资1万到5万元不等的金额。这些投资的宝妈第一可以享受等值的消费券；第二可通过介绍客户享受分润；第三可以享受这家门店的分红，成为门店的一分子；第四，投资满三年以后，还可以返还本金。

如此，企业立刻多了几十个联合创始人，多了几十位免费的推广大使，同时又多了百万的资金，可以零成本来开一家新店。这就是众筹的魅力。顾客转化成会员，这只是股权设计的第一步，更高层次是通过众筹，直接可以成为轻创合作伙伴。

附：某门店销售众筹合作协议

合作协议书

甲方：

统一社会信用代码/身份证号码：

通讯地址：

联系方式：

乙方：

统一社会信用代码/身份证号码：

通讯地址：

联系方式：

甲、乙双方经友好协商，在自愿、平等、公正、诚实的基础上，双方达成合作协议如下：

第一条　合作内容、要求

1.甲方________公司，经营______________________________门店，经营地址为：____。

2.乙方投资甲方人民币30000元（大写：叁万圆整），成为甲方的钻石合伙人，享受甲方钻石合伙人全部权益。

3.自本协议签订之日起，3个工作日内乙方投资款需打入甲方指定账户，否则本协议无效。

4.在本协议有效期限内甲方授权乙方使用甲方产品名称，授权乙方销售甲方门店的系列产品。

5.乙方须保证销售过程中的合法性，如有涉及违规、违法等行为，乙方必须承担相应的责任，如甲方因此被追究相关责任而遭受任何损失的，乙方应赔偿甲方的全部损失（包含直接损失和间接损失）。

第二条 乙方权益

1.乙方可享受3万元消费券。

2.乙方可享受甲方提供的钻石合伙人礼包一份。

3.乙方自身及直系亲属到店所有消费享受____折专属折扣，本权益只限乙方自身及直系亲属使用，不得借予他人使用，若有发现则可视为乙方违约，甲方可以无偿终止本协议约定内容。

4.乙方可免费参与甲方定期举办的主题学习沙龙活动。

5.乙方推荐客户购买甲方店内产品，乙方可获得客户消费总金额的____%作为提成奖励，甲方应在每个月____号之前结算上一个月乙方转介绍客户提成。

6.乙方可参与门店年度营业额____%的分红；其中____%按照出资比例分配，____%按照业绩贡献动态分配。若招募股东不足____位的情况下，则提取营业额比例同比减少。

7.乙方的销售渠道不得影响门店正常销售计划，不得在门店内部积累资源并销售，不得利用在职销售人员进行暗箱操作，如违反规定则取消乙方相应的权利。

第三条　乙方义务

1.乙方与甲方签订产品合作协议后，乙方应积极推动协议所约定的工作事项。

2.乙方应与甲方对接到店人员的信息事宜，乙方向甲方报备的客户信息是未来双方进行财务结算的依据，未向甲方报备的客户无权申请结算。

3.乙方在本协议有效期限内使用甲方门店名称、产品项目名称，推广素材，但乙方不得任意改变甲方门店的文字、图片，更不得超越许可的范围使用。

4.乙方不得以任何形式，将甲方授权给第三方使用，也不得作为投资与第三方成立其他法人机构。

5.乙方为了促进推广举办线下沙龙活动的，甲方有义务提供支持，但乙方需在活动前10个工作日向甲方提交申请。若甲方对乙方举办线下沙龙有附加要求，双方经协商一致后，以书面形式签字确认。

第四条　甲方义务

1.甲方保证本协议内的权益真实有效，若出现产品服务更新迭代的情况应第一时间与乙方沟通项目调换事宜。

2.甲方有线下的产品体验活动的，应积极对乙方提供资讯。乙方负责推送意向客户，甲方协助乙方客户进行后续产品的购买，客户权益以信息报备表为准。

3.甲方对乙方的客户信息有保密义务，未经甲方许可不得随意泄露给其他任何组织或个人。

第五条 款项结算等事项约定

1.甲方账户：

甲方账户：

甲方账号：

开户行：

2.乙方账户：

乙方账户：

乙方账号：

开户行：

3.甲方的产品甲方负责向客户开具全额发票，乙方负责向甲方开具实际应得结算款的全额发票，税费已包含在结算款中。乙方无法提供发票，甲方将按乙方收益所得6%的标准代缴后计算余额予以打款。

第六条 退款约定

1.乙方客户购买甲方产品和项目服务后，若出现退款情况甲方应在15个工作日内协助乙方客户办理退款手续。

2.甲乙双方按照本协议“第二条款”中的约定，按各自的结算比例向客户退款。

3.当甲方受理乙方客户退款后，乙方应将已收到的相关结算款项于3日内退还至甲方。

4.甲方收到乙方退款后，7个工作日内向客户办理退款手续。如乙方未在约定时间退还结算款的，甲方有权对退还款项金额按照每日千分之一标准向乙方收取违约金直至乙方全额退还款项为止。

5.本协议提供给乙方的权益和服务为打包定制方案，甲方有权不接受乙方的退款要求。

第七条　协议生效变更及争议解决

1.自本协议生效之日起3年内，乙方不得要求退出，3年后可自由选择是否退出，退出价格为本金-消费券-累计分红。

2.除本协议另有约定外，自本协议签署之日起，本协议的任何变更和因任何原因解除均在协议双方就该事宜协商一致后以书面形式做出确认。

3.协议双方可以就本协议未尽事宜进行协商并签署书面补充协议，补充协议构成本协议的一部分。补充协议与本协议不一致的，应以补充协议的规定为准。

4.争议解决：凡因解释或执行本协议发生的，或与本协议有关的一切争议，双方先通过友好协商解决。协商不成的，任何一方可向甲方所在地法院提起诉讼。

5.协议的效力及其他：本协议一式两份，经双方签字盖章后生效，均具有同等法律效力。

甲方签字：	乙方签字：
签字地点：	签字地点：
年　月　日	年　月　日

第八节

股权第17计之平衡计：秤

企业创业初期或者发展壮大时期，应该使用债权融资还是股权融资，这对于企业的资金计划来说，如同一杆秤，两者如何才能保持平衡？

巴菲特不建议过度使用债权，因为财务费用和利息成本太高，企业的利润将被吞噬。我在上EMBA的时候，教授说："许多企业每天一大早先给银行支付200万元的利息，相当于每天开着四辆崭新的奔驰车送给银行。"这个比喻让人心惊。

很多咨询公司建议创业者要使用股权融资，这当然可以减轻企业创业时资金的压力。但是，一家企业早期让对方投资了200万元，出让了40%的股权。短短三年时间，这家企业的净利润就做到了近千万，每年的分红回报都是在400万元以上，这导致创业者内心极度不平衡，因为当初吸纳的投资只有200万元。

那么，究竟是使用股权融资还是债权融资呢？正确的答案是：要根据企业的实际情况而定。债权融资承担的是短期的压力，而股权融资承担的是长期的压力。详见表2-5。

表2-5　股权融资和债权融资对比

	股权融资	债权融资
优势	（1）短期，压力小 （2）投资人很可能会将资源带入公司	（1）不影响企业的控制权、经营权 （2）长期，压力小
劣势	（1）长期，压力大 （2）企业的控制权一旦没设计好，企业控制就会受到影响	（1）不管企业经营情况如何，均需要偿还债务 （2）短期，压力大 （3）投资人身边的资源不一定会带入公司

如果企业资金充足，而且企业未来的发展态势良好，建议使用债权融资而不是股权融资。同时，为了保持动态投资股权结构，我们可以和投资人约定以下事项：

1.在未来三年内，如果能够双倍收回投资成本，我们将有权利对投资者的股权进行50%甚至100%的回购。

2.当创业者的经营指标达到某个高位，能够保证投资人每年的回报超过50%的时候，创业者将有权利回购投资人50%左右的股份。

如此，这样一个比例就是一个动态的股权结构，有利于创业者调整股权结构。如果创业者前期没有做好后期股权结构的约定，等到后期公司做大的时候，创业者将会非常被动。

第九节

股权第18计之投资计：图

你投资的企业，是你的版图，是你的大业。

投资一个企业，主要看什么？看创始人的信念和情怀，更要看他的执行力。我会很欣赏他，因为他的信念和情怀，但是不代表我会投资他。而执行和推进，才是活下去的根本！

台湾餐饮业第一名是王品牛排，对于新品牌投资的要求是：五年内的营业额一定要达到一亿元，净利润在10%以上。

王品牛牌在拓展新店的时候，奉行“151开店方程式”，即一年营收要达到开店投资额的5倍，获利至少要一个投资额，也就是当年要收回成本。例如，一个店投资了200万元，每月的营业额至少要做到85万元，一年做5倍就是1000万元，然后有200万元的盈余。

一家新店平均每个人消费单价是150元，一天大约服务200个客人，一个月的营业额是90万元，一年的收入是1080万元，以“151方程式”来计算：包括添购设备，装潢在内，这家店最多只能适合投入116万元的资产。最初进入大陆开设第一家分店时，王品牛排在短短四个月之内就能够获利，发展速度非常惊人。

这创造了台商在上海开餐厅最短时间盈利的记录。假如开店成本在120万元，你的开店成本控制的越好，你的盈利回报周期就越高。如果一家分店，连续六个月的获利都低于25%，总部就会启动调查机制。是店长经营不行？还是选址不对？如果数据显示业绩没有进步，总部就会坚决关店。

新品牌开新店，采用如果运营满两年或者最近六个月平均获利率未达到×%，闭店机制随即启动；如果六个月平均获利率虽然没有达到×%，但是获利率明显提升，那这家店可以暂时进入观察状态的方法。

经验表明，“半死不活”的企业拖得越久，团队士气越低迷，最后只会赔得更多。创业不易，经营企业更难。要看清形势，对症下药，才是对股东和同伴负责。

某投资者，1995年投资了雅虎，成为了雅虎最大的股东。1999年，他再度投资了阿里巴巴，让阿里巴巴成为中国互联网市值最大的公司。在过去的一年，他公司的净利润突破了600亿元人民币，是日本历史上第三个突破600亿元净利润的公司。

这家公司的董事长就是孙正义，为什么他能够取得如此辉煌的战绩？孙正义说：“这是一个让人兴奋、期待、心砰砰跳的时代，连睡觉都觉得浪费！”

孙正义为什么会投资马云的阿里巴巴呢？马云没有商业计划书，商业模式也是错误的，团队只有三四十人。但是，他从马云的眼神中读到了激情。他说："你没方法没关系，没钱没关系，没人才没关系。最重要的是你的眼神要喷出火来，要对生命具有强大的激情。"因此，你要规划好你人生的蓝图，一个人仅依靠聪明是不行的，要有执着的追求。

想要吸引投资，你必须学会做商业计划书。孙正义说："每一个创业者要准备50套商业计划书！" 他认为一套商业计划书根本是胡扯，必须要有1000套商业计划书，至少要有50个备选的方案，你才能够把事业做起来。企业不是要有3年的愿景，而是要有30年的愿景，甚至要思考300年以后人类的生活会怎样。这正是"最初的一切都是梦想和毫无根据的自信，然而，一切都是从这里开始"。

商业计划书是创业者对问题的深度、力度、厚度、角度，全方位的感悟。你的价值假设是什么？你的增长假设是什么？

雷军说："投资人不怕你的商业计划书很大、有梦想。因为你只有有梦想，才有无限的可能性。"雷军还认为："在商业计划书中，要特别注意你的团队，你有没有一个靠谱的推荐人，投资投的就是人。"

DST的投资人米尔纳说："百亿美金的公司，我是不想投的，我要投资千亿美金的公司。"

马云说："吸引投资人的核心是腰板要硬，眼神要坚定，不存在谁求谁，而是要抱着强大的信念！"

一、商业计划书的五方面

商业计划书一般包括五个方面：

1.“势”

势决定了能力，势决定了效率，势决定了结果，势就是风口，风口决定了速度。你选择的行业和方向就是你的势，大健康、大旅游、人工智能、教育，这些都是势。

2.“事”

你要做一件什么样的事情。你要为社会解决的痛点是什么，解决的问题是什么，你的运营方向是什么，你的盈利模型是什么。

3.“人”

你的团队是谁，谁来做，投资就是投人。

4.“河”

你的“护城河”是什么，你的竞争壁垒是什么，你的核心竞争力有哪些，你的组织需要建立一个怎样独特的绝对优势。

5.“钱”

你的估值是多少，你的投资回报率是多少，你运营的周期是多长，你每年的净利润预估是多少，你的成本是多少等，对这些都要有一个“钱”的深度分析。

有以上五方面，就会形成一个完整的商业BP（见图2-12）。

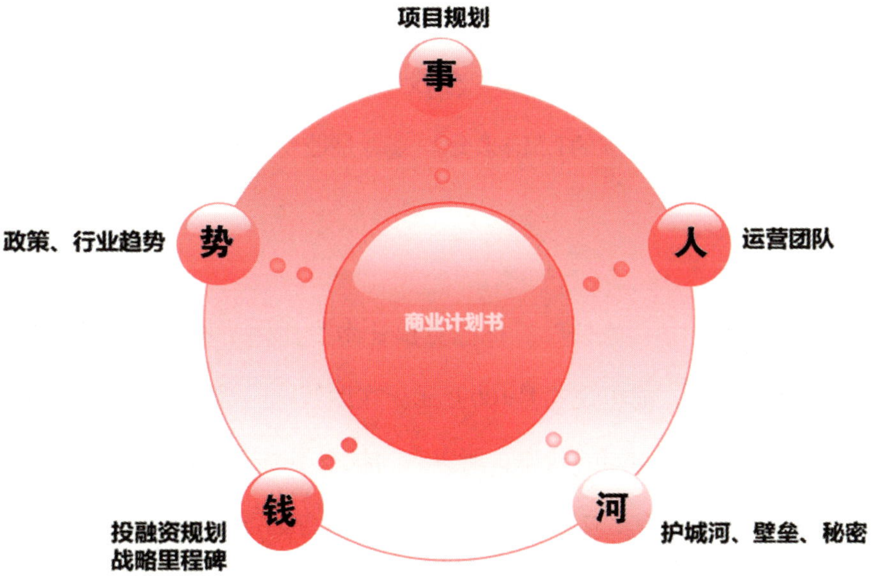

图2-12 BP五环法

二、“钱”的四大维度

1.值钱

第一个维度是“值钱”，公司的估值是多少。公司是值100万元还是1亿元。你的值钱标准是什么，依据是什么，逻辑是什么，是PS、PD、PE、PB，还是PO？要很清楚。

2.赚钱

第二个维度是“赚钱”。你的公司依靠什么来赚钱？预估的利润是多少，投资的回报率是多少，比如你公司的估值是1000万元，你一年能赚500万元，那就是两年能回本，你的回报周期是多长，这是每一个投资者所关心的话题。

3.分钱

第三个维度是公司如何去“分钱”。你是按照正常的股份比例来分，还是按照股份比例的1.5倍来分？或者是股份比例的两倍来分？能否优先分红？

4.融钱

第四个维度是“融钱”。你愿意出让多少比例？例如，估值1000万元，出让10个点，简单说就是100万元。在融钱这一维度中，还分为老股转让和增资，两种不同的状态，所进入的状态不一样，最终的股权比例是不一样的。创业者希望老股转让，投资人则希望增资，双方将会有一个深度的沟通和磨合。

值钱、赚钱、分钱、融钱，是你商业计划书中要说清楚的四大关键点。

第三章

谋篇

谋定而后动，谋就是谋略，谋就是思路。观念一新，点石成金。找到了正确思路，就找到了成功的按钮。

古往今来，能成大业者，皆因谋而出。在制定谋略的时候，要学会运用众筹谋略，谋求天下资源。通过创业合伙人找到自己的左膀右臂，通过经营合伙人提升销售额、降低成本，通过事业合伙人捆绑命运共同体，通过高层、中层、基层不同的策略和方法，联合各路英豪。通过期权展现希望和未来，通过众筹吸纳更多资源和资金，通过融资金、资源拥有无限的力量，通过不同的股权类别让企业呈现出立体的股权力量。

从打补丁到更换操作系统，无论苏宁和国美怎么大战，都是在“打补丁”，属于过去的时代。而京东、阿里巴巴、腾讯等，是操作系统的更迭。如果组织的操作系统不变，怎么打补丁也是枉然。

从诺基亚到苹果，从微软到谷歌，这属于操作系统的升级，属于时代的分割。

没有永远成功的企业，只有时代的企业！

你跟上时代了吗？你的操作系统更迭了吗？

企业是一个生命体！

当一个企业的领导人停止思考了，整个企业的状态立刻凝固，企业的呼吸就停顿了！

要想组织充满活力，领导人必须思如泉涌，不断创新！

不谋全局者，不足以谋一隅，不谋长久者，不足以谋一时。

图3-1　股权设计——谋

第一节

股权第19计之类别记：策

从股权激励的设计来说，股权有很多类别，不同的类别代表不同的策略。

从上市公司的运用来说，有限制股和业绩股的设计模型。从新三板公司来看，目前使用最多的激励方式是期权。

简单来说，第一种是分红股和超额分红，分享公司的利润，名义是股份，实际上是一种利润的划分机制；第二种以华为为代表的虚拟股，虚拟股要投资，但是不注册，可以分红，可以增值；第三种是期权，这在西方世界非常普遍，期权被誉为西方经济学最伟大的发明，核心团队可以享受企业明天的增值，具有不可预测性，无限增长性。

期权，让企业的员工有机会共享企业的未来收益。在硅谷用的最多的激励方式是期权。乔布斯在世时，苹果公司几乎不分红，全部奖励期权，如此员工将会有长远眼光，共谋发展。期权有三个关键词，一个叫做授予，给予期权的资格；第二个叫做行权，花钱来进行购买，通常是在三四年以后，要根据业绩和时间来行权；第三个叫做兑现，将手中所持有的股份抛售，称之为套现。

股权类别中最高的类别是注册股，又称为工商股、实股或银股。即使是工商股，也分在总部注册，还是在子公司注册，或是在持股平台注册。通常做高管股权激励设计，是在持股平台注册，也就是在有限合伙企业里持股，间接持有公司的股份，这也是目前上市公司的标准配置。

曾经有一家企业，在新三板上市之前，没有做持股平台的设计，而是在上了新三板之后，再去做有限合伙企业。这时就不能做了，因为股转系统不允许，有限合伙企业必须在没上新三板之前做设计，因此，事先做好股权顶层的架构和设计尤为重要。

第二节

股权第20计之创业计：命

寻找创业合伙人，就是在寻找命运共同体。

创业不是一次孤独的游戏。一个人可以走得快，一群人才能走得远。百度有“七剑客”，阿里巴巴有“十八罗汉”，腾讯有“五大天王”，新东方有“三架马车”，古有桃园三结义……想要成事，必须要有创业合伙人，你可以出让股权，寻找你的创业合伙人。

项羽为什么失败？因为没有合伙人。刘邦为什么成功，不是因为他有盖世武功，也不是因为他有多么高深的谋略，而是他的合伙人很厉害。

选择合伙人有四大标准（见图3–2）：

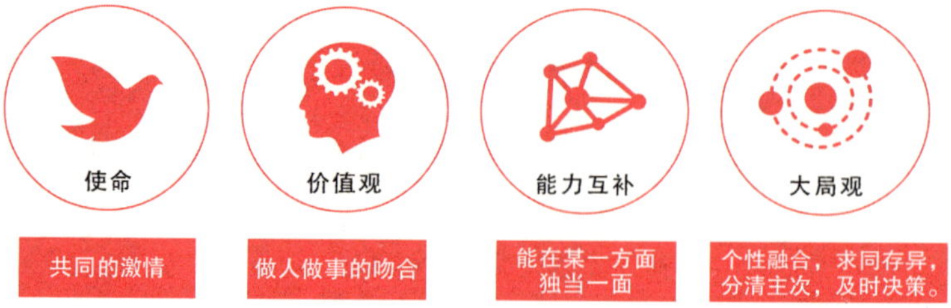

图3–2　合伙人四大标准

（1）使命：共同的激情。

（2）价值观：做人做事的一致。

（3）能力互补：能在某一方面（如技术、市场、财务）独当一面。

（4）大局观：个性融合，求同存异，分清主次，及时决策。

寻找创业合伙人的步骤包括以下几点：

（1）第一步，就是要明确公司的战略。

（2）第二步，根据战略，确认你所需要的人才类型和方向。

（3）第三步，立刻行动去找人。找到人是成功的关键！

找到创业合伙人，而不是高管，能够给你提出不同意见的，才是真正的合伙人。就像马云有蔡崇信，滴滴的程维有柳青，马化腾身边有刘炽平，这些都是CFO，能够独当一面，能够与创业者在能力上绝对互补。

史玉柱在巨人大厦倒闭之后开始反省，之所以大厦越盖越高，就是因为公司没有一个真正意义上的股东，敢和他提出不同的意见，以至于马失前蹄。

福特说："如果开会全票通过，这个决议是不能执行的。"因为没有人进行真正的思考。在一个企业里面，你为所欲为，只能代表你无人应答。

创业合伙人可以考虑出让五到十个点的股份，甚至更高，因为一个高手可以胜过千军万马。

附：创始人洽谈模型表

创始人洽谈模型表，详见表3-1。

表3-1　创始人洽谈模型表

练习要点	已做到	未做到
一、我已向对方描述了愿景使命和我的价值观。		
二、描绘了我的商业模型、独特的商业模式和非凡的盈利前景。		
三、我已经描述了对候选人的好感、认同和欣赏。		
四、我让他看到了期权的价值和期股的价值，让他意识到多样性和多层次的收入。		
五、我已经充分了解了对方的价值观。		
六、我已经充分了解了对方的职业生涯规划，并塑造了我们公司的职业发展前景。		
七、我是否告知了对方股权的稀缺性，以及未来的高速成长性。		
八、告知对方，对方可以成为公司的联合创始人，这不仅是身份的改变，更是一种荣誉和责任！		

注：1.请勾选每一题中符合实际情况的选项；

2.填写好表格后自我省查，做得好的点和有待改进的点。

第三节

股权第21计之经营计：商

商业文明可追溯上千年，其核心就是经营。稻盛和夫说："一定要把员工培养成经营者！"如何能够把员工培养成经营者呢？就是员工要有成本最小化、营业额最大化的意识。那如何能够做到成本最小化、营业额最大化呢？这其中一个核心，就是价值评价和价值分配系统，在价值评价系统中，我们推崇的是划小经营单元。例如：海尔的人单合一，单就是任务，人就是做事的责任者。详见图3-3，即某有限公司划小经营单元，实施独立核算示意图。

当我们有了价值评价系统以后，就会有价值分配系统。何为价值分配系统？价值分配系统是我们对评价之后，予以一个合理的回报，这就是股权中采用的分红股。分红股，即分享利润或者是利润的增幅，也就是我们常说的增量分配。

方太集团的茅理翔老先生就推崇分红股，将利润的10%进行分配。这10%就会触动全员的经营意识，一旦配料部门配料配多的时候，生产部门就会说：“怎么配这么多料，浪费了就太可惜！”这就是与经营、分红、盈利挂钩所带来的良好结果，使得全员产生了充分的经营者意识。

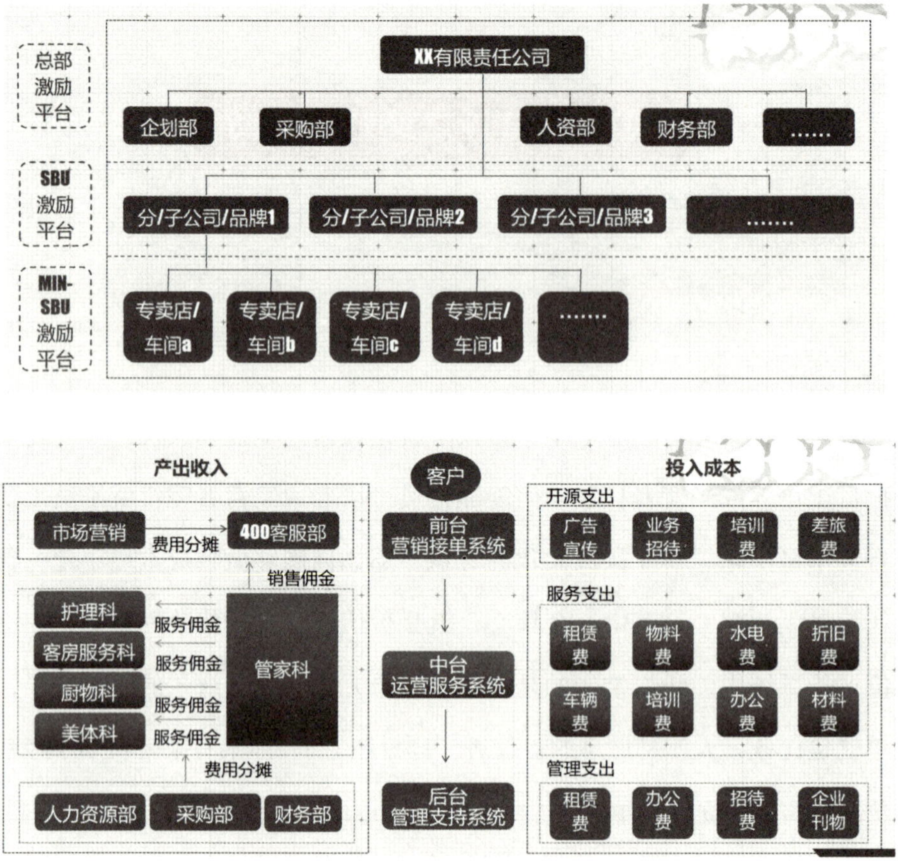

图3-3　划小经营单元，实施独立核算

柳井正在《经营者养成笔记》一书中强调，每一个人都要对经营负责。茑屋书店创始人增田宗昭先生也说：“我们要有经营者的思维，开店的时候要去观察顾客的表情，当顾客走进来‘哇’的一声的时候，我们知道这个店就有希望了。”这就是经营者思维，要深刻体察顾客的需求。

优衣库有的门店是早晨七点钟开门，因为学校学生早晨七点钟上学就会路过门店，所以开店的时间要提早。这就是经营者思维，而不是惯性思维认为的只能九点开门营业。

因此，我们要思考的是，如何把我们的员工培养成经营合伙人。我们的梁政学长，在他经营的食品企业推行了超额分红激励。过去食品在定价的时候，没有分红，只有一个销售提成，这时大家只会想到把东西卖出去就好。当我们做了超额分红激励，大家意识到还可以自主定价，增加利润。例如，把核桃定价从19元改为22元，这样将会有分润，将会有分红。2018年，他们的超额分红达到了300万元，这也意味着公司的效益放大了。

这就是股权36计之经营计，以经营为导向，把每一个人变成经营者。我们曾经邀请过稻盛先生的左膀右臂、日航重生的功臣——森田直行先生，来到我们公司分享“全员经营”这个话题，讲述如何将日航起死回生，从负债144亿到赢利150亿的真实故事。分享会现场鸦雀无声，大家听得内心激荡，回味无穷。

永辉超市运用合伙人制度，极大地调动了一线员工的积极性，将生鲜损耗率从10%降低到3%，相当于增加了7%的纯利润。

附：永辉超市经营合伙人计划

一、目的

1.以门店为单位，以门店整体业绩任务达成作为参与分红的前提条件，从营运部门到后勤部门，从员工到店长均参与，体现全员参与，共同经营门店的目的。

2.充分调动员工工作积极性，激励员工超额完成公司下达的经营目标，践行融合共享、成于至善的企业文化。

二、适用范围

1.参与人员：

（1）店长、店助；

（2）四大营运部门人员；

（3）后勤人员；

（4）固定小时工（工作时间≥192小时/月）。

2.不参与人员：

（1）××课组人员；

（2）培训师、实习生、寒暑假工、学习干部；

（3）小时工（工作时间＜192小时/月）。

三、分红前提条件

门店销售达成率≥100%，利润总额达成率≥100%。分红前提条件，详见表3–2。

表3–2　分红前提条件

类别	分红条件
店长、店助、后勤人员	门店销售达成率≥100%，利润总额达成率≥100%
营运部门经理、经理助理、部门公共人员	部门销售达成率≥95%，部门毛利达成率≥95%
营运部门各课组人员	课组销售达成率≥95%，课组毛利达成率≥95%

四、合伙人奖金包

门店奖金包=门店利润总额超额/减亏部分×30%

门店利润总额超额/减亏部分=实际值–目标值

门店奖金包上限：门店奖金包≥30万元时，奖金包按照30万元发放。

各职级奖金包分配，详见表3–3。

表3–3 各职级奖金包分配

职级	各职级奖金包分配
店长、店助	门店奖金包×8%
经理级	门店奖金包×9%
课长级	门店奖金包×13%
员工级	门店奖金包×70%

五、合伙人奖金计算

合伙人资金计算方式，详见表3–4。

表3–4 个人资金计算方式

职级	个人奖金
店长、店助	店长级奖金包×出勤系数
经理级	经理级奖金包/经理级总份数×对应分配系数×出勤系数
课长级	课长级奖金包/课长级总份数×对应分配系数×出勤系数
员工级	员工级奖金包/员工级总份数×对应分配系数×出勤系数

注：有二助的门店，店长级奖金包店长分配70%，店助分配30%。

六、合伙人奖金分配

1.分配系数：按部门毛利达成率的排名情况，确定各部门对应分配系数，详见表3–5。

表3–5　合伙人奖金分配系数

部门毛利额达成率排名	分配系数
第一名	1.5
第二名	1.3
第三名	1.2
第四名	1.1
后期部门	1.0

例如：某生鲜部毛利达成率在该店四大运营部门中排名第一，生鲜部对应分配系数为1.5，即生鲜部的经理、经理助理、课长、员工的分配系数均为1.5。

2.总份数

总份数计算公式，如下：

总份数=Σ各部门同职级人员人数×部门毛利额达成率排名对应分配系数

注：①经理及份数：含经理助理，课长级份数：含副课长。

②以上统计的总份数不包含双指标未达成的部门或课组各职级人员。

3.出勤系数

出勤系数公式：出勤系数=（当季应出勤天数–事假/病假/产假/工伤

假天数）÷当季应出勤天数

4.奖金发放

按季度结算，奖金和次月工资一起发放。

七、案例说明

案例：卖场店A店第一季度，全店销售额达成100.1%，利润总额达成106%，利润额超额33万元，门店合伙人奖金包10万元。表3-6为各部门人数、达成情况：

表3-6 各部门人数及达成情况

部门	店长级人数	经理级人数	课长级人数	员工级人数	销售达成率	利润总额达成率	毛利达成率	毛利达成率排名	对应分配系数	超额利润总额（元）	门店合伙人奖金包（元）
全店	1	10	24	136	100.1%	106%				33万	10万
生鲜	/	2	7	60	100.6%		107.0%	第一名	1.5		
食品用品	/	2	7	15	101.0%		103.0%	第二名	1.3		
服装	/	1	6	12	93.4%		90.0%	第三名	1.2		
加工	/	1	/	1	91.5%		87.0%	第四名	1.1		
后期	/	4	4	48					1		

1.各职级奖金包

各职级奖金包，详见表3-7。

表3-7　各职级奖金包

职级	门店奖金包（元）	分配比例	奖金包（元）
店长、店助	10万	8%	8000
经理级	10万	9%	9000
课长级	10万	13%	13000
员工级	10万	70%	70000

2.参与分红部门、课组总份数核算（达成课组：生鲜部5个、食品用品部4个，详见表3-8。）

表3-8　参与分红部门和课组总份数核算

部门	店长级	经理级			课长级			员工级		
		人数	对应系数	总份数	人数	对应系数	总份数	人数	对应系数	总份数
合计	1	7		8.6	14		16.7	102		126.8
店长办公室	1									
生鲜部		2	1.5	3	5	1.5	7.5	43	1.5	64.5
食用食品部		2	1.3	2.6	4	1.3	5.2	11	1.3	14.3
后期部门		3	1	3	4	1	4	48	1	48

3.各职级人均奖金

各职级人均奖金，详见表3-9。

表3-9　各职级人均奖金

部门	店长	经理级	课长级	员工级
店长办公室	8000元	/	/	/
生鲜部	/	9000÷8.6分×1.5=1570元	13000÷16.7份×1.5=1168	70000÷126.8份×1.5=828
食品用品部	/	9000÷8.6分×1.3=1360	13000÷16.7份×1.3=1012	70000÷126.8份×1.3=718
后期部门	/	9000÷8.6分×1=1047	13000÷16.7份×1=778	70000÷126.8份×1=552

4.奖金实发

（1）生鲜部经理，如果第一季度出满勤，没有请假，分红奖金为1570元。

（2）生鲜部水果课组，销售达成率101%、毛利达成率98%，该课组第一季度出满勤，没有请假的课长分红奖金为1168元/人，员工分红奖金为828元/人。

第四节

股权第22计之事业计：主

股权设计和激励的目的，是为了唤醒所有人的事业梦，人人皆是主人翁。

我们的注册股份是有限的，因此，事业合伙人应运而生。在华为的管理中，人力资源治理是其重中之重。华为创造性地提出了虚拟股的概念，拥有了9万多员工股东，这9万员工股东，我们称之为事业合伙人。我曾盛邀原华为副总裁来分享华为股权激励的原理。

华为为什么要做“股权激励”呢？

一、留住关键人才

关键人才并不多，关键人才是一出手就改变局面的人，是能够对公司做战略支撑的人。

二、收入结构改变

创业初期，华为发放给员工的工资只有竞争对手的五分之一，而爱立信、摩托罗托等外资企业由于固定成本高（工资成本结构），导致产品价格高。

华为由于工资低，产品价格也低，市场份额持续增长，导致分红和股价上涨，再以股份和奖金的方式回馈给员工。华为的工资收入变成中长期收入，一点不比外资企业差。

三、股权使员工充满自豪感、成就感

股权激励使员工从打工仔变成了创业者。

其中第二点让我印象深刻：工资影响成本，成本影响价格，价格影响市场，市场影响效益，效益回报工资（股份）。

事业合伙人的核心就是一定要投资，一定要变成命运共同体。这就是事业合伙人，投钱才会投心，钱在哪里，心就在哪里。

中国有一家房地产公司异军突起，一举成为中国地产行业业绩第一名，这家公司叫做碧桂园，就在广东顺德。碧桂园的成功有很多关键点，但其机制是核心之本，公司创造性地提出了“成就共享计划”和“同心圆计划”。

同心圆计划的核心是什么呢？就是项目负责人要投资，因为只有投资，才知道你对这个项目的决心。

投资分为两种：一种是自愿跟投；另一种是强制性跟投，如果是项目的负责人、区域经理、关键岗位，都必须强制性跟投，只有投钱，才能证明你是事业合伙人。因此，碧桂园的项目负责人个个摩拳擦掌，将全部的身家性命投在了项目里，真是夙夜难寐，竭尽全力！

碧桂园的项目运营中，如果需要占用总部的资金，是要支付年化12%的利息。如此，所有的事业合伙人都希望用心将项目竣工，开启销售，收回资金。如此才能产生一定的盈利，如此才能收回自己的血汗钱，这就是事业合伙人的动力之所在。

当然，不仅碧桂园如此，“旭辉”“龙湖”“万科”都开通了事业合伙人模式。

《人类的群星闪耀时》一书中有一句哲语：“再也没有什么比人生年富力强时，发现了此生的使命，更有意义的事情”，当你发现了你生命的事业时，你才真正看到了生命中最美的光！

附：某企业的事业合伙人协议

________公司事业合伙人协议

甲方：

法定代表人：　　　　联系电话：

乙方：　　　　身份证号：

地址：　　　　联系电话：

为了建立现代企业制度和完善公司治理结构，实现对企业高管人员和业务技术骨干的激励与约束，使中高层管理人员的利益与企业的长远发展更紧密地结合，充分调动其积极性和创造性，促使决策者和经营者行为长期化，实现企业的可持续发展，甲乙双方本着自愿、公平、平等互利、诚实信用的原则，根据《中华人民共和国合同法》《中华人民共和国公司法》等相关法律法规规定及《________公司章程》，双方同意甲方以合伙的方式对乙方的工作进行奖励和激励。为明确双方的权利义务，特订立以下协议：

一、协议标的

根据乙方的工作表现，公司决定授予乙方______的虚拟受限股权，该虚拟受限股权需乙方出资购买，原始购股价为人民币________元。

1.乙方取得的______的虚拟受限股权不变更甲方公司章程，不记载在甲方公司的股东名册，不做工商变更登记。乙方不得以此虚拟受限股权对外作为拥有甲方资产的依据。

2.每年度会计结算终结后，甲方按照公司法和公司章程的规定计算出上一年度公司可分配的税后净利润总额。

二、分红及退出

1.甲方年度利润的____%作为企业发展基金，每年提取的发展基金不得高于____万元；

2.甲方年度利润的____%作为股东可分配利润。

3.虚拟受限股权不可转让，人在股在，人走股没。

4.3年之内不得单方面退出，如3~5年后退出，则退还本金；如本协议签订后5年以后退出，按照投入本金____倍增值价格退还。退出时分1年退还，离职1个月内退还____%，6个月后退还____%，1年后退还剩余____%。

5.因违规除名退出，本金不予退还。

6.乙方作为公司高层，原则上应以身作则，积极投入工作，若因个人原因不能坚守工作岗位，则按照实际工作时间进行考核，正常假期及年假、产假、婚假外，事假超出10天以上，当年分红则按照实际分红金额除以365计算为每天分红金额，扣除相应的分红天数。

三、协议的履行

1.甲方应在每年的____月底进行上一年度会计结算，得出上一年度税后净利润总额，并将此结果及时通知乙方。

2.乙方在每年度____月份享受分红。甲方应在确定乙方可得分红后的____个工作日内，将可得分红一次性以人民币形式支付给乙方。

3.协议生效后即可享受当年的分红，不足一年的，按照月份比例计算。

4.乙方所得红利所产生的所有税费由乙方承担，甲方在实际发放时直接扣除。

四、双方的权利义务

1.甲方应当如实计算年度税后净利润，乙方对此享有知情权，甲方每季度向乙方公布一次公司财务报表。

2.甲方应当及时、足额支付乙方可得分红。

3.乙方应做好本职工作，制定部门工作计划和工作进度，维护和管理好客户和工作人员。

4.乙方应实现甲方年度部门的业绩指标，为甲方项目提供建议、创意、创新。具体业绩指标由甲乙双方统一制定。

5.乙方对甲方负有忠实义务和勤勉义务，不得有任何损害公司利益和形象的行为。

6.乙方对本协议的内容承担保密义务，不得向第三人泄露本协议的内容。

7.若乙方离开甲方公司，或者依据第五条变更、解除本协议的，乙方仍应遵守本条第5项和第6项的约定。

五、协议的变更、解除和终止

1.甲方实现IPO发行，乙方可以按比例将分红权转化成公司股票。

甲方也可根据乙方的工作情况将授予乙方的____虚拟受限股权部分或者全部转化为实际股权，但双方应协商一致并另行签订股权转让协议。

2.甲乙双方经协商一致同意的，可以书面形式变更协议内容。

3.甲乙双方经协商一致同意的，可以书面形式解除本协议。

4.乙方违反本协议义务，给甲方造成损害的，甲方有权书面通知乙方解除本协议。

5.乙方有权随时通知甲方解除本协议。

6.甲方公司解散、注销的，本协议自行终止。

7.当以下情况发生时，本协议自行终止：

（1）因辞职、辞退、解雇、退休、离职等原因与公司解除劳动合同关系的；

（2）丧失劳动能力或民事行为能力或者死亡的；

（3）被追究刑事责任的；

（4）存在违反《公司法》《公司章程》或者《保密协议》，损害公司利益行为的；

（5）执行职务存在过错，致使公司利益受到重大损失的；

（6）连续2年无法达到业绩目标的；经公司认定对公司亏损、经营业绩下降负有直接责任的；

（7）存在其他重大违反公司规章制度的行为；

8.协议解除、协议终止当年，乙方不享受本协议约定的分红权权益，已经分配的不予追回。

六、违约责任

1.如甲方违反本协议约定，迟延支付或者拒绝支付乙方可得分红的，应按可得分红总额的_____向乙方承担违约责任。

2.如乙方违反本协议约定，甲方有权视情况相应减少或者不予支付乙方可得分红，并有权解除本协议。给甲方造成损失的，乙方应当承担赔偿责任。

七、争议的解决

因履行本协议发生争议的，双方首先应当争取友好协商。如协商不成，则将该争议提交甲方所在地人民法院裁决。

八、协议的生效

甲方全体股东一致同意是本协议生效的前提，《股东会决议》是本协议生效之必要附件。本协议一式两份，甲乙双方各持一份，自双方签字盖章之日起生效。

甲方：　　　　　　　　　　乙方：

日期：　　　　　　　　　　日期：

第五节

股权第23计之多赢计：成

要想实现多赢的局面，只有双方彼此成就。如何发挥人才效能实现多赢的效果呢？要有像大雁一样结伴成行、相互借力的团队。

一家做水饺的餐饮门店，运用股权分红的激励机制，裂变出了500家门店，他们是怎么育才的呢？

（1）划小经营单元，以店为核算单位。只要是店长，就可以享受3%的分红股，让店长有当家做主的主人翁精神。

（2）人才裂变。只要店长能够培养一个新的店长，在新店里，他将会享受5%的股份，这样的话，他将会有更加强大的动力去培养新人。这5%的股份，是要用于投资的，是需要拿出真金白银的。

在这个状态当中，他属于小区经理，如果再往下发展，他就变成了大区经理。当成为大区经理的时候，就是在开到第六家店到第十家店的时候，他可以拥有8%的分红，他的分红比例在不断升高。

当他培训的店长能够达到11人时，即开到第11家店的时候，他将会享受20%的分红。我们看到了一个“3、5、8、20”不断递增的模式。

（3）将员工的职业生涯规划和分红挂钩，既树立了职业发展之路，同时又开启了多劳多得之路，双管齐下。

因此，他们裂变出了500名店长，成为中国水饺行业的佼佼者。

匠言的3T合伙法，是针对连锁店面而设计的（见图3–4）。

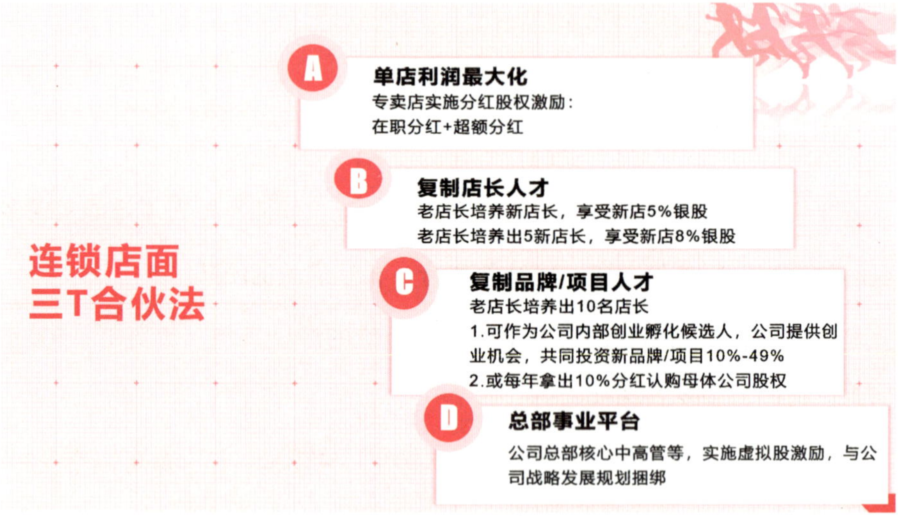

图3–4　3T合伙法

赢的核心不是我赢你输，而是“双赢”，遵循“共赢原则”。

红豆集团当年实施股改，效果并不理想，因为大股东是政府。于是红豆集团提出“增量扩股”的方法：即增加的部分为红豆集团干部和员工持股，而政府的持股部分不动。这种策略兼顾各方利益，实现了共赢，因此赢得了所有人的认同，也就是我们所说的“有限股权，无限可分”。

因此，“赢”这个词，要从八个维度来思考，成为八方共赢！第一方是“股东”，第二方是“员工”，第三方是“顾客”，第四方是“供应商”，第五方是“合作伙伴”，第六方是“政府”，第七方是“环境”，第八方是“社会”。能够实现八方共赢，则可以实现共同富裕，则可以无往而不利。

案例：一家连锁企业合伙协议

甲方：	乙方：
法定代表人：	身份证号码：
地址：	现住址：
电话：	联系电话：

根据《中华人民共和国合同法》和《股权激励方案》的有关规定，本着自愿、公平、平等互利、诚实信用的原则，甲乙双方就有关事项达成如下协议：

一、本协议书的前提条件

（一）乙方在____年____月____日之前的职位为____区域主管____之职。

（二）在____年____月____日至____年____月____日期间，乙方的职位为甲方区域主管之职，若不能同时满足以上2个条款，则本协议失效。

（三）本协议不影响乙方原有的工资、奖金等薪酬福利。

二、股份的考核与授予

（一）由甲方的人资行政按照《股权激励方案》中的要求对乙方进行考核，并根据考核结果给予乙方相应的股份数量。

（二）在合同期内，如果乙方考核合格，甲方在考核结束后10天内发出口头或书面股份确认通知书。

（三）乙方在接到《股份确认通知书》后10天内，按照股份确认通知书规定支付定金。逾期不支付，视为乙方放弃《股权确认通知书》中通知的限制性股份。

三、股份的权利与限制

（一）本协议的股份的合同期为____年，期限为____年____月____日至____年____月____日。

（二）乙方持有的股份在合同期间享有与注册股相同的分红权益。

（三）乙方持有限制性股份在合同期间不得转让、分割、出售、交换、记账、质押及偿还债务。

（四）当甲方发生赠送分红股、转让股份、增发股份等影响甲方股本的行为时，乙方所持有的股份根据《股权激励方案》进行相应调整。

四、本协议书的终止

（一）在本合同有效期内，乙方凡发生下列事由（包括但不限于），自情况核实之日起即丧失激励资格、考核资格，取消剩余分红，情节严重的，公司依法追究其赔偿责任并有权给予行政处分，行政处分包括但不限于停止参与公司一切激励计划，取消职位资格甚至除名。构成犯罪的，移送司法机关追究刑事责任。

1.因不能胜任工作岗位、违背职业道德、失职渎职等行为，严重损害公司利益导致降职，或公司有足够的证据证明，乙方在任职期间，由于受贿索贿、贪污盗窃、泄漏公司经营和技术秘密、损害公司声誉等行为，给公司造成损失的。

2.开设相同或相近的业务，并从公司自行离职或被公司辞退。

3.伤残、丧失行为能力、死亡。

4.违反公司章程、公司管理制度、保密制度等其他行为。

5.违反国家法律法规并被刑事处罚的其他行为。

（二）在本合同有效期内，乙方无论因何种原因退出企业（“退出”包括辞职、自动离职或被公司除名辞退，劳动合同期满后未续约等），其所获分红股自动失效。

（三）在拥有股份合同期间，无论何种原因离开公司的，甲方将无条件收回乙方的限制性股份。

五、行权约定

（一）行权期

本协议中的股份所在主体为________主管，行权期为____年____月____日至____年____月____日。

（二）行权价格

行权价格，详见表3-10。

表3-10　行权价格

店名	一店	二店	三店	四店	五店	估值合计
估值（万元）	50	40	50	50	70	260

所管辖片区总资产评估为____万元，其中需要乙方购买不超过____股份，实际购买股份____股，计____元。

（三）乙方自合同签订之日起，缴纳所认购股份的____%的定金，余下部分于____日内缴纳。如果未按时缴纳，其股权按照实际缴纳部分享受相关权益。

（四）乙方分红权利及比例

1.乙方所管辖门店发生亏损，则按照持股比例与甲方分摊。

2.____年低于____万元利润，则享受所持股份比例的____分红，____年股权资格下降____，____万元利润，享受所持股份的____分红，超过____万元利润，超过部分享受所持股份的____分红。

（五）分红时间与办法

1.分红时间为次年____月年会时按____%发放第一次分红，____月____日前按____%发放第二次分红。

2.核算办法：净利润的____%预留为门店发展基金，剩余净利润按上述比例和时间发放。

3.利润未发放部分在合同期满后一并核算。

4.乙方所产生的应收货款呆账由乙方承担。

（六）乙方培养出新任主管，乙方可以享受购买被培养主管管辖片区所占股份的____%资格。

（七）行权权利选择

1.甲方每年会对乙方根据岗位职责履职情况、目标完成情况、利润实现情况进行考评，进行股份重新配置。甲方对门店目标每年规划一次。

2.乙方希望长期持有，经甲方同意，则甲方为其一部分或者全部转为门店注册股，并完善相关手续，乙方成为所在门店的注册股东，享有股东的一切权利。

六、退出机制

（一）合同期未满，乙方要退出此协议，甲方只退还乙方____%的初始股金。甲方自愿同意乙方退出除外，其退出条款由双方自行约定。进行工作交接和账务清算，按照流程签字结束，____个月内，由甲方退还股金。

（二）在合同期满后，若持股人退股

1.若门店累计亏损，被激励对象需按比例承担亏损部分。

2.若门店累计盈利，公司按乙方缴纳初始股金原价收回，并发放在职期间剩余未分配部分。

七、其他事项

（一）甲乙双方根据相关税务法律的有关规定承担与本协议相关的纳税义务。

（二）本协议是公司内部管理行为，乙方与本公司的劳动关系，依照《劳动法》以及与公司签订的劳动合同办理。

（三）乙方未经甲方许可，不能擅自将本协议的有关内容透露给其他人员，如有该现象发生，甲方有权废止本协议并收回所给予的股份。乙方与甲方应签署《保密及竞业协议》。

（四）本协议不影响公司根据发展需要做出资本调整、合并、分立、企业解散或破产、资产出售或购买、业务转让或吸收以及其他合法行为。

八、争议与法律纠纷的处理

（一）甲乙双方发生争议时

1.按本《协议书》及《股权激励方案》及相关规章制度的有关规定解决。

2.本《协议书》和《股权激励方案》未涉及的部分，按照相关法律和公平合理原则解决。

（二）乙方违反《股权激励方案》的有关约定，违反甲方关于激励方案中的制度或者国家法律政策，甲方有权视具体情况通知乙方，终止与乙方的激励协议而不需承担任何责任。乙方在协议书规定的有效期内的任何时候，均可通知甲方终止股权协议，但不得附带任何条款，若因此给甲方造成损失，乙方应承担赔偿损失的责任。

（三）甲乙双方因履行本协议或与本协议有关的所有纠纷应首先以友好协商方式解决，如双方无法通过协商解决的，任何一方可将争议提交甲方所在地人民法院裁决。

九、本协议一式两份，双方各执一份，具有同等法律效力。本协议自甲乙双方签字盖章之日起生效。

甲方（盖章）：　　　　乙方（签字）：

法定代表人签字：　　　　身份证号码：

签约日期：　　年　　月　　日　　　　签约日期：　　年　　月　　日

第六节

股权第24计之分红计：舍

小舍小得，不舍不得，大舍大得，分钱者得天下。方太集团每年分红10%的净利润，大约一亿元。我曾亲访方太集团创始人茅理翔老先生，我问老先生为何要分红，他说要做一家让员工幸福的企业。茅老三次创业，45岁时，第一次创业破产，众叛亲离；1995年，55岁时创建方太集团，当时面临多家跨国品牌和300多家同行企业的竞争，压力非常大，但方太集团不断创新，跃居为中国厨电行业第一品牌；65岁时，创建家业长青学院，为家族企业传承培养人才，生命不息、奋斗不止。

茅老先生传承的不是财富，而是精神！什么精神？有人请茅老题字，茅老欣然在纸上写下了“捍卫”二字。这两个字让人出乎意料，分外震撼！

他认为事业已不仅是守护，还是责任、担当、荣誉。为天下、为家族、为家人、为伙伴……要用生命来捍卫！他的精神如此果敢、如此强烈、如此赤诚……

当年，中央在广东清远推动了超额分红制，使许多濒临破产的企业起死回生，历史惊人的相似，有其客观的规律。其中，超额分红的核心是十六字：“划小单元，明确目标，一订三年，增量分配。”

某公司三年目标规划

某公司三年目标规划，详见表3-11。

表3-11　某公司三年目标规划

年份	2020年	2021年	2022年
销售目标（元）	3000万	4000万	6000万
利润预测（元）	500万	700万	850万
利润率预测	16.67%	17.5%	14.17%

为什么超额分红目标必须是三年呢？

因为第二年达成目标，如果超额超的比较多，第三年要在原来超额的基础上再增长，难度非常之大。所以，要提前把三年的目标规划清晰，这样大家才能在第二年实现高额度的增长。

王品牛排的激励理论是“嗑瓜子理论”，即每时每刻都能得到回报，这是王品牛排激励的第一个原则——快。王品牛排的逻辑是，让店长成为老板。这比拟定任何制度都有效！

店长从过去的工薪阶层变成门店董事长，他们会早出晚归，认真自发地工作。公司也不用担心成本管控不当，因为店长和公司一样关心钱是否花在刀刃上。所以说制度只能规范最基本的东西，却不能调动员工的积极性。

王品牛排提倡的原则是“即时奖励，立刻分享”。在我国台湾地区，王品牛排更有持股信托计划，所有员工每月可以提3%的薪资来认购王品的股份，并且公司按照员工计提的金额再拨付十倍的薪资给员工，支持其认股计划。

在早期阶段，王品牛排将月度利润的33%分掉，每个人都有。

在王品牛排，总离职率不到5%，店长层的离职率不超过1%。

王品牛排激励的第二个原则是透明，在王品牛排，每家门店的收入、支出和盈余甚至银行存款的金额，都可以发布到内网。只要员工愿意，都可以过一把财务总监的瘾，许多企业认为这是一大禁忌，但是王品认为只有公平、公正、透明，才可以让大家没有私心。

王品还规定：对主管的奖励不能以现金方式赠与，一定要采取汇款的方式，以此信息共享，全员赋能。这样才会让团队产生巨大的生产力。王品牛排就是一家没有秘密的公司，甚至店长的晋升，首先是要读懂公司的财务报表。

分红股的核心是：分红股是存量，超额分红是增量。但是分红股的存量，必须建立目标，有业绩目标、利润目标，才可以分红，否则是不能分红的。而达到一定的目标之后，可以进行超额分红。对于这两个逻辑。一个是最底线目标，另一个是高挑战目标。形成多元化的、多层次的收入。

曾有一位同学在做超额分红时，理解了存量和增量的关系，在做到800万元业绩的时候，将会有2%的营业额分红，800万元到900万元是6%的营业额分红，900万元到1000万元是7%的营业额分红，以此类推。同时提出两个分红先决条件，第一个是库存控制，如果库存在20万元以下，分红按100%分配，库存在20万元到30万元，分红按90%分配；库存在30万元以上，分红按80%分配。分红总额，计算方式，详见表3-12。

表3-12　分红总额

业绩	业绩≤800万	800万<业绩≤900万	900万<业绩≤1000万	业绩>1000万
营业额分红	2%	6%	7%	8%
分红调整系数	1.库存≤20万，分红调整系数1； 2.20万<库存≤30万，分红调整系数为0.9； 3.库存>30万，分红调整系数为0.8。			
分红总额=业绩×营业额分红比例×分红调整系数				

应收账款在100万元以下，分红100%分配。应收账款在100万元到120万元，分红就要受影响，只能分配90%。应收账款在120万元到150万元，只能分配80%。应收账款超过150万元，那分红就更少了，只分配70%。通过这样的制度设计，有效的管控库存和应收账款。同时通过多层次的超额分红激发团队的积极性。

在现有的分红股基础上，还可以叠加超额分红。同时，还可以在分红股的基础上叠加虚拟股份。如此多层次的机制设计，体现了企业的核心竞争力。分钱要快，分钱要透明，你明白了吗？

附：分红股给予协议

分红股给予协议

甲方：

统一社会信用代码：

地址：

电话：

乙方：

身份证号码：

地址：

电话：

公司职务：

1.甲方____________有限公司（以下简称“甲方”或者“公司”）是依据中华人民共和国法律在____________注册成立并合法存续的有限责任公司，登记注册资本为人民币_____元整。

2.乙方系具有完全民事权利能力及民事行为能力人，能够独立承担民事责任。

3.甲、乙双方一致同意乙方按照甲方出具的《分红股激励方案》中规定的条款和条件享受甲方对应的分红。

上述双方根据中华人民共和国有关法律法规的规定，为实现共创、共享、共成、共赢的目的，经过友好协商，达成一致意见，特订立本协议如下条款，以供双方共同遵守。

一、释义

《分红股合伙人激励方案》：指甲方出具的、甲乙双方均同意的《分红股合伙人激励方案》。

二、前提条件

1.双方确认，乙方在本协议项下的义务以下列全部条件的满足为前提。

（1）双方同意并正式签署本协议，包括所有附件内容。

（3）《分红股合伙人激励方案》为本协议附件。

2.若本协议上述条款在____年____月____日前因任何原因未能实现，则甲方有权通知乙方单方面解除本协议。

三、关于窗口期和分红额的说明（额度分红法）

甲方原有注册资本为人民币____元整，现经评估估值为人民币____元整，现提取总股本的____%（不含董事会特授股份）用于分红股合伙人的激励，即按照合伙人相应的贡献进行动态分配。

分红比例暂定为公司年净利润的____%。

分红窗口期为合作期第____年的____月____日至____月____日。

四、乙方成为分红股合伙人的条件

1.对经理及经理级以上员工实行六维考评制，即从甲方公司绩效、个人绩效、胜任力、潜力、价值观、制度遵守六个方面对经理及经理级以上员工进行考核，以上任何一个指标不达标，乙方自动丧失激励资格。

2.对经理级以下员工实行四维考评制，即从个人绩效、胜任力、价值观、制度遵守四个方面对经理级以下员工进行考核，以上任何一个指标不达标，乙方自动丧失激励资格。

五、乙方权利

乙方成为甲方的分红股合伙人后，拥有自己对应比例的分红权，无决策权、转让权和知情权。

六、乙方义务

乙方需履行下列义务，如违背下列条款，甲方有权取消乙方作为分红股合伙人的资格：

1.保守商业秘密。

2.履行竞业限制义务。

3.乙方不得将本分红股做任何抵押、担保、背书、交换、信托、转让，仅限于作为分红股合伙人的凭证和依据。

七、甲方权利

1.本协议一年一签。如甲方准备发行股票并上市或有其他重大融资安排时，乙方同意按照相关法规的要求以及甲方董事会的决定，由甲方董事会对其所持有的分红股进行处理。

2.分红股合伙人的进入资格，由甲方进行审定。

3.甲方将在每年的合作中，定期对分红股股东进行评价，以决定是否续约，以决定乙方下年度分红的额度。

4.甲方有权根据乙方的表现，对乙方的年度分红额度进行动态调整，具体参考《分红股合伙人激励方案》。

八、甲方义务

甲方应根据乙方的分红股股数，于第二年的窗口期按期履行分红义务。

九、竞业限制及商业秘密保密义务

1.未经甲方书面同意，乙方在甲方处任职期间及离职后2年内不得单独设立或以任何形式（包括但不限于以股东、合伙人、董事、监事、经理、职员、代理人、顾问等身份）参与设立新的生产同类产品或与甲方业务同类的其他经营实体。

2.乙方承诺，乙方在甲方处任职期间及离职后2年内不得在与甲方业务同类的其他经营实体任职。

3.乙方应对在甲方任职期间所获得的公司的商业秘密予以终生保密。

4.乙方同意，如果乙方违反商业秘密保密义务、竞业禁止义务，致使甲方的利益受到损害的，乙方须就甲方遭受的损失承担赔偿责任。另外，上述侵权主体因商业秘密的使用和从事竞业禁止相关业务所获得的收入归甲方所有。同时，甲方有权要求乙方及相关侵权主体停止实施侵权行为。

十、劳动合同期满后的分红处理

1.甲乙双方签订的劳动合同期满后的乙方可得分红处理。

2.甲乙双方签订的劳动合同期满时，甲、乙双方均同意不再继续签订劳动合同的，乙方未提取的可得分红在劳动合同期满后的____年内，由甲方按每年____分之一的额度支付给乙方。

3.甲乙双方签订的劳动合同期满时，甲方要求续约而乙方不同意的，乙方未提取的可得分红的____%由甲方在劳动合同期满后的____年内按均支付；可得分红的剩余部分归甲方所有。

4.乙方提前终止与甲方签订的劳动合同或者乙方违反劳动合同的有关规定或甲方的规章制度而被甲方解除劳动关系的，乙方未提取的可得分红归属甲方，乙方无权再提取。

5.在本合同有效期内，凡发生下列事由（包括但不限于），自情况核实之日起乙方即丧失激励资格、考核资格，取消剩余分红。情节严重的，甲方有权依法追究其赔偿责任并给予行政处分，行政处分包括但不限于停止参与甲方一切激励计划，取消职位资格甚至除名。构成犯罪的，移送司法机关追究其刑事责任。

（1）甲方有证据证明乙方存在不能胜任工作岗位、违背职业道德等严重损害甲方利益的行为；

（2）甲方有证据证明乙方在保密期内存在违反保密义务的行为；

（3）甲方有证据证明乙方在竞业限制期内存在违反竞业限制义务的行为；

（4）乙方丧失劳动能力的；

（5）乙方有违反国家法律法规并被刑事处罚的其他行为。

十一、纳税义务

乙方根据相关税务法律规定承担与本协议相关的纳税义务，由甲方代付代缴。

十二、退出机制

该分红合作协议每年签署一次，甲方将根据本协议第四条，定期评估乙方的贡献，以确认下一年乙方的分红股股数。

具体参照甲方出具的《分红股合伙人激励方案》中退出机制执行。

十三、保密条款

乙方对本协议及《分红股合伙人激励方案》的内容承担保密义务，除非事先征得甲方的许可，否则乙方不得向第三人泄露本协议中乙方所得分红股股数以及分红等情况。

十四、争议处理

1.对于执行本协议发生的与本协议有关的争议，应本着友好协商的原则解决；

2.如果双方通过协商不能达成一致，则任何一方有权向甲方所在地仲裁委员会提起仲裁；

3.在争议处理过程中，除正在协商或仲裁部分外，协议的其他部分应继续执行。

十五、条款的完整性

甲、乙双方均承认，已阅读过本协议，并同意：本协议为各方关于合作事宜的所有合同和约定的全部记载，并已取代以前所有的口头或书面约定、意向书与建议。未经甲、乙双方均同意，不得对本协议加以变更。

合同附件是合同不可分割的组成部分，与合同正文具有同等效力。

十六、协议的修改

协议在履行过程中，如果有一方认为需要修改，需向另外一方提出书面修改建议和理由，经由双方协商同意后才能修改，并形成本协议的附件。

协商修订的协议条款与本协议具有同等法律效力。如果双方未达成新的修改意见，则原合同继续有效。

十七、不可抗力

1.在合同执行过程中，如果出现战争、水灾、火灾、地震等不可抗力，影响合同的正常履行，受不可抗力影响的一方应尽快将不可抗力事故的情况通知另外一方。

2.双方尽快根据此项不可抗力事故的影响协商本协议的进一步执行问题。

3.因不可抗力造成的对履行协议的延误或无法正常履行时，受不可抗力影响的一方不负法律责任。

十八、附则

1.本协议是甲方内部管理行为。甲、乙双方签订本协议并不意味着乙方同时获得甲方对其持续聘用的任何承诺。乙方与甲方的劳动关系，依照《中华人民共和国劳动合同法》以及双方签订的劳动合同处理。

2.除非本协议另有规定，各方应自行支付各自产生的、与本协议及本协议述及的文件的谈判、起草、签署和执行有关的成本和费用。

3.本协议未尽事宜，各方可另行签署补充文件，该补充文件与本协议具有同等法律效力。

4.本协议自双方签字、盖章后成立并生效。本协议用中文书写，一式叁份，双方各持壹份，其余由甲方备案，各份具有同等法律效力。

（以下无正文）

甲方（签字/盖章）：　　　　　　乙方（签字）：

法定代表人（签字）：

委托代理人（签字）：

年　　月　　日　　　　　　　　年　　月　　日

第七节

股权第25计之分布计：粒

组织颗粒化、分布式管理是一种全新的商业文明，是一种全新的公司治理方式，是一种全新的人才动力机制，是一种全新的企业发展战略。

未来的组织结构就是："组织平台化加上自主经营体"，通过去中心化、分布化，实现多中心的成长。例如：海尔的"人单合一"，温氏的"5.6万个农场"，韩都衣舍的"上千个工作小组"。而平台的作用更多的是赋能支持。

自主经营体对于吸引、激励、培养和保留创新性人才，唤醒大家的创业激情，具有重大意义。

自主经营体可以整合有企业家精神的人才，可以打破组织边界，可以有上下游渠道合伙人，有产业生态合伙人，链接无限资源。

自主经营体的本质是智合，参与价值权利的分享，对企业经营具有决策权。

未来的组织结构将会是平台化呈现分步式、多中心制，以人力资本为纽带，相互赋能，形成量子式纠缠的能量场，实现价值核算和增量分享的理念。

这个时代，人人都是创业者，人人都是资本所有者！

团队中，有三种最需要激励的人才：

第一种是“人物”，也就是领军人物。他能够自主创业，能够扭转乾坤，具备企业家精神，因此称之为人物。

第二种是“牛人”。牛人通常是技术大咖，或是销售冠军，在某个技术领域能够独当一面，能够推陈出新，解决问题。

第三种是“能人”。能人就是在某个专业领域独当一面，把事儿做好、做到位，具备匠心，发挥能效。

对于企业来说，要把公司变平台，让人物裂变式创业，让牛人成为联合创始人，享受公司的期权和分红。让能人成为公司的股东，投钱投心，共创共享。

企业和人才之间绝对不能是单方面的雇佣关系，而是合作伙伴，相互赋能。从过去的劳动契约，到现在的心理契约，转变身份，放大个体的价值，放大个体的能量。企业应更加强调人才的自驱动、自发动，尊重人才，成就人才！

在20世纪80年代，万向集团就创造性地提出“人力资本两袋投入”和“分家制”的人才激励理论。

第一个是脑袋投入，第二个是口袋投入。前者是对员工智慧资源的投入，后者是对员工利益的投入，称之为，人人都是CEO。

华为真正建立了与知识分子共创共享的机制，首度提出：知本主义、虚拟股计划、获取分享制，还有TPU激励计划。同时，华为还创造性地提出“奋斗者为本”的人才管理理念。

海尔也提出：人人都是资本家，人人都是创客人，人人都是CEO。

化小经营单元，把每一个人变成自主经营体，是这个时代的商业趋势和潮流，也是这个时代的经营核心。

如何实现多中心、自驱动？例如，我有一位同学从事教育行业，投资100万元建学校，三个月之内，就可以收到现金200万元到300万元。此时，将该学校估值为200万元，出让50%的股份后，就收回100万元，也就是三个月之内，就从100万元的投入，成功收回本金，并且账上还盈余200万元。

更重要的是，他这样做唤醒了学校教职工的热情，让他们有身份感，有斗志，有动力，为了自己而拼搏。于是一个又一个这样的分校建好了，这就是平台赋能+多中心。

这个过程中，企业还可以收取20%的运营管理费，让公司总部的现金流更加充足，同时也保证企业有余力可以持续发展。

第八节

股权第26计之方针计：则

股权激励和事业合伙人有七大原则，二十八字方针：志同道合、共创共生、增量分享、掏钱掏心、划小核算、动态进退、共享共担。

一、志同道合

共同的愿景、价值观，共同的道德底线。

二、共创共生

共同开创价值，彼此成为价值共生体。

三、增量分享

一定要分享增量的利润，没有增量，分享就毫无意义，大家就变成了吃大锅饭，合伙的核心是提高企业的盈利能力。

组织要实现裂变和聚变效应，要实现变道超车，核心就是要有增量。所以在存量的股权激励上要很少，在增量上的股权激励应该是存量激励的三倍至五倍，这样大家才会有动力。增量有两个：第一个是资产的增量，例如，在华为有TPU激励制，实现股权增值；第二个是营业额利润的增量开发，可以使新产品获得新增长。

四、掏钱掏心

碧桂园做合伙人的机制是掏钱。华为的激励机制也是要掏钱的。你试图做一个分红股，如果像200多年前的晋商一样，在这个时代已经不现实了。不能相信干股分红，要拿出真金白银，激发团队的干劲，让团队不断克服困难，这样才能够创造价值。

五、划小核算

一定要找到最小经营单元。比如阿米巴经营体，优衣库以单店来做核算等。要知道谁创造了价值，就必须要以数字说话，用事实和贡献来表达。

六、动态进退

一定要有进有出。海尔提出了动态合伙人，你这个目标达成了，你就是合伙人，目标没有达成，你就不再是合伙人。这种动态进退原则让合伙人永远生于忧患。

七、共享共担

有利润就可以共享，亏损要共担责任，不能想走就走，想退就退，要有锁定期，要有亏损时退出的标准，要承担损失。

第九节

股权第27计之迭代计：新

我们要明白，股权合伙机制需要持续优化创新，不能一成不变。

股权合伙不是一个分配机制，而是一个激励机制，可以吸引人，激活人，留住人，唤醒人。股权合伙机制更是一个发展机制，使人可以动起来，使人有清晰的职业生涯规划，随着绩效和收入的变化，带来身份和职位的变化，带来内心更多的满足感和喜悦感。政策设计要持续迭代，不能僵化。

一、股权合伙机制的四大要点

总体来看，股权合伙机制要做对以下四大要点：

1.信任

通过多年前的投资分红，50%以上的投资分红回报率，在团队中使合伙人对企业更加信任，因此要相信信任的力量！

2.精益创业

不断的精益求精，中层、高层、基层的激励制度井然有序，可以不断地进行制度的迭代和优化。

3.反省和回顾

在进行制度优化的同时，关键要对制度进行反省，进行股改与期望值的对照。期望值参考两个指标：一是业绩是否改善；二是员工积极性是否提升，得出柱状图进行分析。

4.要明确目标，分配增量

在整个制度建设中，尤其要设定目标的考评。以PK为导向，以对赌为导向。例如，有一个员工投资了7.5万元，如果他今年绩效目标没有完成，不仅没有分红，还要倒贴钱。结果，他全年目标达成，并分红7万元，真是非常的出色。制订绩效目标后，也要及时签订《绩效目标责任状》。《绩效目标责任状》的制订可参考后面的附录表单。

创业是一个不断求索的过程。希望你勇于改革，创造属于你自己的成长故事。

二、股权激励优化规则的六个方面

股权激励的优化规则要考虑以下六个方面：

1.股权激励的原则

以岗定责，以级定薪。必须要确定岗位职等职级，然后来确定给出激励的数量。

2.股权激励的标准

必须要有KPI目标的增量评估，然后来确定激励的额度。

3.股权激励的总量

第一年拿出多少进行股权激励，第二年拿出多少进行股权激励，是

10%还是20%?

4.股权激励个量

需确定每个人给多少。

5.股权激励周期

不要一次性给完，要以三年为一个周期进行股权激励。

6.激励规则

如何分红、如何退出、如何约束，要有一个清晰的规则和协议。

轩日服饰的周建中学长从一家服装档口做起，和姐弟共同创业，锐意进取。从工厂到批发，从批发到零售，从零售到品牌，从品牌到联营，轩日服饰一路走来，历经挑战，也硕果累累。熊彼特说："企业家精神就是颠覆过往，推陈出新。"企业家精神就是有能创造制度和建设制度的能力。在去年，该企业也推动了公司中高管虚拟股的变革。起初公司的中高管并不理解这次变革的意义，但在我们咨询团队的协助下，方案不断优化，终令大家投钱入股，出资逾500万元，成为公司的命运共同体。

附：绩效目标责任状

营运总监年终绩效考核责任状

一、目的

加强对年度经营目标的管控，充分调动公司管理人员积极性与潜力，用合理客观的指标评价体系来检测管理人员的综合能力及所达成的业绩，推动相关管理人员的管理手段和经营风格的转变，增强管理层的责任意识和经营管理能力。

二、考核时间

2019年1月1日–2019年12月31日

三、年度绩效说明

年度绩效说明，详见表3–13。

表3–13　年度绩效说明

指标	目标值	权重	考核方案（计分方式）
销售收入达成率			实际销售收入/目标销售收入×权重
毛利率达成率			实际毛利/目标毛利×权重
整体费用率（已开门店）			实际费用/目标费用×权重
开店数量达成率			实际数量/目标数量×权重
库存周转天数			（月初库存成本+月末库存成本）/销售成本×30
标准、体系、流程建设			按部门行动计划考核
人才产出达标率			实际完成人数/目标人数×权重
合计		100%	

四、相关说明

1.公司有权对责任人的经营业绩进行定期审计与考核，并提出改进意见；离职员工自动失去本责任状考核资格。

2.考核指标运行至2019年____月，公司会根据相关经营情况的绩效回顾，对除销售达成、毛利达成、开店数量达成三项指标外的其余相关指标目标值进行适当调整。

3.年终奖金与考核分数直接挂钩。

4.本责任书由公司与负责人签署后生效，并对双方都具有约束力。

5.出现安全责任事故，公司将有权对其年终奖做出相应调整。

6.本责任书一式两份，公司、责任指标执行人各持一份。

公司　　　　　　　　　　责任人签字：

2019年　　月　　日　　　　　　2019年　　月　　日

第四章

法篇

法就是具体操作的法门，是36计最后一篇。

掌握法门就掌握了要津、要义、要点，得到真实有效的结果。在股权设计操作的法门中，要掌握的是：

通过明确股权合作伙伴，通过明确股权变化规则，通过权利，将股权分为知情权、转让权、表决权、继承权、婚姻权，各项权利中皆有约定。

通过定人选对你要找的合伙对象。通过分红规则的明确，坦然享受分红的权利。通过明确动态规则，通过明确股权设计和激励流程，通过组合明确股权设计的股法组合，如此，以法治经营，企业彰显文明。

图4-1　股权设计——法

第一节

股权第28计之契约计：定

任何一家公司，都要以法治企，以约定替代人情，定规则，才能定未来。

任何一个员工来到公司，都要签订相应的协议，遵守双方的契约。

那么，员工需要签订哪些协议呢？

一、员工签订协议

1.《劳动合同书》

劳动合同书，是用人单位与劳动者之间确定劳动关系，明确相互权利义务的协议。

2.《岗位责任书》

明确员工在这个岗位所要承担的责任和义务，以及享有的权利。

3.《有条件分红协议书》

员工有机会享受公司的分红，但是，是有条件的。

4.《保密协议书》

员工需要承诺对公司相关情况进行保密。

5.《竞业禁止协议书》

禁止员工在本企业任职期间同时兼职于与其所在企业有业务竞争的公司，或者是员工在原公司离职一段时间后，从业于与原单位有业务竞争的公司，包括员工自行创建与原单位业务范围相同的企业。

另外，员工还需要和企业签订《知识产权协议》《廉洁承诺书》《绩效目标责任书》等。

二、协议的关键点

在我咨询的过程中，曾经遇到一位学员，他投资给别人100万元，两年多过去后，他一毛钱都没有分到。于是他想要退股，以本金退出，对方却提出，要等到年底才能退钱，这真是让人哭笑不得。

1.关键点

为什么会出现这样的状况呢？答案是，在投资的时候双方没有约定以下几大关键点：

（1）分红权：何时分红，如何分红，有利润如何分，以及分多少。

（2）审计权：一定要约定大股东财务管理，小股东负责财务审计，有监督的权利才是最好的权力。

（3）知情权：每个月财务报表要公开，每个季度要召开经营分析会，要邀请股东来参加，这样事业才能够长长久久。

2.处理法

那么事已至此，该如何处理呢？

（1）要告知对方，连续几年不分红，大股东有回购小股东的义务和责任。

（2）未公开财务报表，对方已经侵犯了股东的知情权。

（3）谈判的原则要提高，不能仅提出退本金的条件，还要提出要有一定的预期收益，前提是公司在正常盈利状态。如此，来进行股权回购的谈判。

每一个创业者都要理解，股权是创业者的生命线，是创业者的核能，是创业者最大的保障。一定要用好，一定要用对，一定要用妙！

三、股权激励方案重点

1.关于股权退出，有时候股权激励方案不用写得太具体，比如公司根据退出情形来决定是否授予增值权，如此更加灵活。

2.与激励对象沟通的时候，一定要讲清楚投资的回报率，告知其受益的可能性，因为员工不是不想投，而是不相信。

3.在做股权激励时，沟通要分为三轮。

第一轮沟通是盘点人才。在盘点人才的时候要告知其股权的稀缺性，选拔要求的严谨性，股权收益的成长性。其中，稀缺性，是指不是每个人都有股权。成长性，表示未来可以拥有更多的收益，随着公司利润的增长，股本金会增加，分红会越来越高。

第二轮沟通是股权价值的宣导会。宣导会上要强调：共创、共享、共成、共好！

第三轮沟通的重点是一对一的告知对象的个人股数。

4.当核心骨干说没有资金怎么办？

有三种解决方法：第一种方法就是分期付款；第二种方法是帮助其向银行贷款，由公司出面担保；第三种方法是由公司来进行借款，但是利息相对偏高，公司借款的利息是8%，而银行贷款的利息是6%左右。

第二节

股权第29计之进入计：门

万物皆有门，关键是看谁有资格进入。

进入的意思，就是你要找谁跟你合作。从大的方向来说，你需要有“五行”合伙人，“土”代表人才，“金”代表资本，“水”代表客户，“木”代表同行，“火”代表上下游，你要选择和谁进行合作。

从合作方来说，人才股是全职进入；资金股溢价进入；资源股东，以资源进入。

不同的合作方，你对他的需求是不一样的。人力股东，你需要他能奉献能力、绩效与价值。资金股东，你需要他能提供资金。资源股东，你需要的是资源的兑现。

如果再深层次探寻的话，你的人力股东和高管股东进来的时候，是作为事业合伙人。在进入的时候，通常要考评以下七个纬度，我们称之为七星进入法：

一、考评价值观

他是否跟你志同道合。你说奋斗，他说享受；你说客户为本，他说利益为本，那你们就不是一路人。

二、级别进入

从总监到VP副总，公司要有一张岗位职等职级表。岗位职等职级表（表4-1）通常只有两个系列：一个是管理序列，另一个是技术序列，根据这两个序列，找到相对应的高手。事业合伙人只有达到一定级别，才允许分配股权。

附1：常见职等职级表

表4-1　常见职等职级表

职级	决策层	管理序列	专业序列	终端序列	操作序列
	E序列	M序列	P序列	S序列	O序列
12	E12				
	总经理				
11	E11				
	副总经理				
10		M10			
		总监			
9		M9			
		副总监			

续表

职级	决策层 E序列	管理序列 M序列	专业序列 P序列	终端序列 S序列	操作序列 O序列
8		M8	P8	S8	
		高级经理	内部专家/顾问/首席××师	高级区域经理	
7		M7	P7	S7	
		经理	高级××师	区域经理	
6		M6	P6	S6	
		副经理	中级××师	高级城市经理	
5		M5	P5	S5	O5
		高级主管	初级××师	城市经理	首席技术专家
				城市店长	
4		M4	P4	S4	O4
		主管	高级专员/资深专员	大店店长/店长	资深技术员
3			P3	S3	O3
			专员/中级专员	星级店员	高级技术员/组长
2			P2	S2	O2
			助理	店员	技术员
1					O1
					操作工

三、绩效

绩效不合格的员工是不能够分配股份的。所以绩效是一个重要标准，我们知道期权在行权的时候，更是以绩效良好为基础。

绩效四等级表，详见表4-2。

表4-2　绩效四等级表

绩效评价结果	绩效系数
卓越	2
良好	1.5
合格	1
不合格	一票否决

四、时间条件

我们称之为工龄，比如工龄要满足一定的条件，要对企业有一定的忠诚度，才可以成为合伙人。

五、岗位的重要性

要做岗位重要性价值的区分，是战略型岗位、价值链岗位，还是一般性的支持性岗位，所给予的评分标准是不一样的。合伙人进入的时候，给到的股数也是不一样的。

六、评价能力和任职资格

学历和证书等是评价的重点依据，比如，股权伙伴的学历，岗位的认证证书，这些都可以评价出他是否是我们想要找的人。比如从事人力资源管理行业，至少需有二级企业人力资源管理师、三级企业人力资源管理师证书。因此无论股权伙伴从事的是哪一行业，都需要具备一定的专业能力和任职资格。

七、潜力

潜力，或者说成长性。看他是否爱学习，是否有多样化的工作经历，是否有强烈的自我进取状态。当合伙人有更大的潜力时，企业才能有更好的未来。

在股权伙伴“进入”的时候，无论是期权、干股、虚股，你都要想好，他就是你想要的合伙人吗？

在进行股权激励设计的时候，要引入激励对象，与激励对象交流的问题尤为重要，千万不要问他：“你要不要买公司的股份？”这实在是一个进退两难的问题。

因此，第一个问题是：你看好企业的未来吗？寻找合作对象，如同寻找恋爱对象。要问一个女孩子是否喜欢一个男孩子，要看她的眼神中是否闪烁着光芒。如果他看好企业的未来，他当然愿意献出他的时间、精力乃至金钱。

第二个问题是：你觉得企业最大的优势或者核心的竞争力是什么？也就是说你喜欢企业的哪一点。如同女孩喜欢男孩子的哪一点，只有她欣赏对方，有了爱意，才会愿意以性命相托。

第三个问题是：当公司有机会把你变成公司的激励对象或者合伙人

的时候，你是否愿意珍惜这样的机会。

要告诉他，你所追求的女孩子是名门闺秀，是金枝玉叶，不是轻而易举可以获得的，因此要格外珍惜。只有当对方发自内心愿意的时候，事情的结果才会不一样。

第四个问题要问他：如果愿意入股，你如何规划资金？就像问一个男孩子娶妻的时候，要问一下男孩子用多少钱来照顾这个女孩子的未来，这个问题是了解激励对象的实力。

第五个问题：一定要问他想要在公司工作多长时间，三年、五年，还是十年。这样才可以明白我们的激励周期。他的付款周期以及他激励的锁定期，和他工作多长时间都是相关联的。

你问员工："想在公司工作多长时间？"他回答说："一万年。"你说："这时间太长了，咱们需要真实的，五年还是十年？"因此可以约定工作满五年，五年之内锁定期是不能离职的，是不能退本金的，五年以后才可以退本金乃至溢价。

问题决定角度，问题体现智慧，问题决定答案，问题决定结果！

第三节

股权第30计之退出计：离

进入的时候，要想到退出。如同在恋爱的时候，要想到结婚，甚至想到如何和平分手，轻松道别。

退出，就是有一天，我们作为合伙人离开的时候，一定要有事先的约定，一定要有事先的条款，大家才可以放下包袱，轻松面对。

股权退出，第一个核心问题是时间，是否有约定的退出周期，如锁定期。比如说三年之内不可以退出，或者退出时，股权转让的价格要打折，不能想来就来，想走就走。

三年之内如何退出，三到五年如何退出，五年以后如何退出，这是第一点，关于退出的时间。

第二个，股权退出的时候，要考虑退出的情形，退出的情形分为两个方面：公司情形和个人情形。

公司情形指在公司盈利的情况下如何退出；公司亏损的情况下如何退出。

个人的情形，可以分为以下三种情况：

一、正常退出

正常退出的时候，也要考虑合伙人是被动离职退出，还是主动离职退出，相关的约定都是不一样的。

二、违规退出

比如合伙人贪污腐败，违备竞业限制，这些都要事先约定好。

三、奖励退出

奖励退出就是你已经为公司做出一定的贡献，立下汗马功劳，或者服务到一定的年限。

不同的退出情形，退出价格是完全不一样的。正常退出，一般是退回本金。违规退出，可以约定净身出户。奖励退出，可以按照溢价和增值来退出。

关于退出，还需要考虑，是公司退出还是门店退出，这两种状态是不一样的。公司退出通常可以使用本金、利息，或者溢价。但是，连锁门店的退出需要折旧，折算净资产，因为门店的房租到期了，装修旧了，会逐渐呈现价值下跌的状态。所以，一定要事先设定好退出的价格，以免产生争议。

针对不同的股权种类，退出的方式也是不一样的。如果是分红股，那么人在股在，人走股留。虚拟股人在股在，人走股留。如果是注册股份，在退出和股权转让的时候，要考虑是否转让给指定的创始人，这称为股权的优先转让权，不能想卖给谁就卖给谁。

远见是一种智慧，好聚好散，理性是文明经营的应有形式。

第四节

股权第31计之转让计：变

天下万物，皆在转变，如有变化，如何应对？如何设计有利于创始人的股权转让约定呢？

一、退股

一次咨询时，有一位从事幼儿视力保健企业的负责人，谈到了他曾经历的苦恼，他公司的小股东要退股，造成公司资金链极为紧张。这其实是一个普遍的误区，他认为小股东要求退股的时候，他就需要把钱退给别人。实际上，大股东是没有回购小股东股份的义务和责任的。也就是说，没有退股这个说法，只有转让。小股东可以找外部投资人进行股权的转让，但是，不存在退股这个说法。

那么什么样的情况下，小股东可以退股呢？以下四种情形，是可以退股的：

1.连续五年没有向小股东分红且公司正常盈利。五年内一点钱都没有分给小股东。因此，小股东可以提出退股的权利，要求公司董事会和大股东回购。

2.公司分设、兼并、并购。比如说你公司是大众点评网，你现在被美团并购了，这种情况下，你可以要求大股东在并购之前，把你的股份买了，这种状态下就可以申请退股。

3.公司章程规定，公司设立的时间到期了。比如说当时我们约定大家在一起玩20年，现在时间到了，我不想玩了，那么请你把我的股份给买下来。

4.小股东证明大股东有职务侵占或者贪污腐败的行为。如果你有相关的证据证明，发现大股东有贪污腐败的私利行为，你可以要求大股东购买你的股份。

有以上四种情形，方可以让大股东购买你的股份，否则是不能让大股东收回股份的。

以上所述就是我们所说的，小股东可不可以退股的相关情况。

二、优先购买权

可以约定，大股东有其他股东转让股份时的优先购买权，这样的话，就可以保证大股东拥有公司的购买权（决策权）。不然小股东想把股份卖给谁就卖给谁，这也不可行。

当然，转让价格要事先约定好。

例如，南京有一家设计院，设计总监在离职时，设计院希望对他持有的股份能够按照原来的购股价进行回购。《章程》里面约定好股随岗变，但由于转让的价格没有设定好，双方因此对簿公堂，而设计总监作为弱势群体，最后得以胜诉。

三、约定婚姻方面的权利

股权转让的时候，还有一个很重要却很容易被忽略的事实，就是事先要约定好婚姻方面的权利。

例如：要发生婚姻变化，股权转让的时候，必须要优先转让给公司或者是公司股东，这样可以保证公司治理的严肃性。

附：个人股份拥有声明（和配偶签订）

声明

甲方：（配偶方）

身份证号：

联系电话：

乙方：（股权持有者）

身份证号码：

联系电话：

甲乙双方是经合法登记的夫妻，且乙方作为____________公司（下称“公司”）股东，持有____________的公司股权，对应公司注册资本人民币________万元（下称“标的股权”）。

经双方协商一致，现就标的股权有关问题达成协议如下：

1.双方确认，标的股权属于乙方个人财产，不属于甲乙双方的夫妻共同财产，甲方对标的股权不享有任何权益。

2.双方进一步确认，乙方作为公司股东做出的任何行为和决定，均不需要甲方另行授权或同意。

3.乙方同意，若乙方就标的股权获得任何收益，包括但不限于分红、处分标的股权所获得的收益等，乙方应自获得收益之日起十日内，将该收益的50%支付给甲方。

甲乙双方同时确认，本条规定仅是为乙方对甲方的支付义务，不得视为付于甲方任何与标的股权相关的权利。

本协议自双方签署之日生效。

（以下无正文，为签署页）

甲方：　　　　乙方：

时间：　　　　时间：

地点：　　　　地点：

附：双方身份证复印件

继承权也是可以提前约定的。联合创始人在八九十岁的时候身故，这时候，股权会传给他的子女或者他的妻子，变成不相干的人成为公司的股东，对公司毫无感情的人成为股东，因此必须事先做继承权的约定。

第五节

股权第32计之落地计：实

合伙要解决自主的人性问题，例如，日益彰显个性的90后，渴望得到认同和身份感的过程。也就是人性的尊严和旧有的雇佣制的冲突和矛盾。因此，只有提倡新商业合伙文明，才会创造经营的美好世界。

一、三大困惑

合伙的方案贵在务实，贵在落地。在方案落地中，员工通常会存在三大困惑。

1.分了也不信

员工不相信，就是不相信投资是安全的，不相信投资是有价值的，不愿意成为我们的期股股东。那该怎么办？此时此刻，最需要做的事，就是要建立信赖感，要分析投资回报，要描绘企业愿景，要树立信心，要一对一的沟通，要进行合伙人大会宣导……

2.信了也没钱

如果是信了也没钱怎么办？没钱可以向银行贷款，可以从工资里面直接扣，但是绝对不能不给钱，也绝对不能向老板借钱。

3.投了也不动

投了也不动怎么办？钱是投入了，成为合伙人了，但并没有焕发革命激情。此时需要的是召开经营分析会，要树立合伙人标杆，要找到经营关键点，要能够持续地焕发斗志，还需要唤醒其工作能力。

经营企业就是持续解决冲突的过程，进而可以达到更高层次的平衡与统一。

二、打造共生体要解决五个问题

一个企业要打造共生体，要进行体制的变革，至少要解决五个公司层面的落地问题：

1.领导想不想。一个领导人，必须从内心有想法，想要与时俱进，想要使企业由小做大，想要使企业由弱到强，想要实施和推动机制变革，而不是小富即安，也不是裹足不前。这个想不想，来自领导人自身的格局，来自领导人的学习力，来自领导人对时代的敏感度，来自领导人对未来大战略和大梦想的渴望度。

2.方案准不准。在这个方案中要解决定价的问题，要解决定人的问题，要解决定规的问题。价格如何制定会更加合理，员工怎样才会有意愿，人才如何来判断？激励的对象如何来选择？是绩效还是能力，是级别还是工龄，是潜力还是岗位重要性？必须要有一套系统的判断方法。

人力资源是我们的专业，选对人才能激活人。如何定规？进入规则、退出规则、约束规则、动态规则、权利规则、分红规则……没有规则，不成方圆，没有规则，无以服众。制定一个准确、合情合理、激励众人的方案尤为重要。

3.员工愿不愿。员工对于新生事物的本能是抗拒的，人们习惯于拒绝改变，就如人明明知道抽烟不好还是要抽，明明知道喝酒不好还是要喝，真正能够与时代俱进的人，屈指可数，少之又少。如何解决员工信任的问题，即使你给到员工一个合理的投资值，员工会愿意投吗？这时候该怎么办，是做思想工作，还是做激励大会宣导，还是树立标杆？对此，要有一套系统性的解决方案。员工即使想投，没有钱怎么办？是通过借款，银行融资，小额低息贷款，还是老板出面担保，如何解决最为合适？当一个企业忠诚的老员工坐在你面前说，我想投但是我没有钱怎么办？这时候需要一套系统的解决方案。

4.感觉爽不爽。在整个实施过程中，让员工内心焕发成就感、身份感、荣誉感，是激励的核心。不是说给了一纸证书，员工就有感觉。因此，股权激励大会的举行尤为重要，我们要知道，协议如何签才可以体现神圣，证书如何颁发才可以凸显成就。为什么我们会和董事长紧紧的相拥，因为在我们彼此的内心燃起了一种力量，一种成就伟大企业的渴望，一种在寒夜中破局重生的勇气和决心。

5.策略对不对。后续经营的改善，业绩的突破，目标的实现，才是一切激励之后的结果。因此通过激励使企业的绩效真正破局重生，使企业的风貌发生改变，才是这个企业的核心。下一步如何开经营分析会，如何唤醒合伙人的工作能力，赋能更是我们激励的原则和方向。因此，匠言公司提出的股权激励模型是TFC，即目标（target）、感（feel）、改变（change）三要素。

员工代表在发言的时候说，从此将会把企业当作自己的家，那一份感动，那一份触动，会直击你的心灵，你会感觉到人与人之间，我们需要一份链接，我们需要构建命运共同体，精神共同体，因为我们本是利益的共同体。

一日，我五点起床，六点半乘坐高铁，为一家准上市公司举办了一个合伙人落地的活动。

该公司做了股改之后，很多人花了真金白银，成为公司的合伙人和股东。但是，非常遗憾的是，合伙人在心态、身份角色上，并没有完全意识到，他就是企业的主人翁，是企业的合伙人。

因此，合伙人设计的落地，其实有两个方面，第一个是方案落地，第二个是心态落地。

于是，我们做了一个深度的空巴，做一个心与心的沟通。

第一，我们提出了口号："相携互助，人人都是经营者，人人都是主人翁"。

第二，我们提出了"三个转变"：角色转变、身份转变、思维方式转变。

如果思维方式没有发生转变，一切的行为和能力都不会发生转变，因为思维方式是决定一切事情的根本，首先要从你内在的思维发生转变。

如果身份不转变，价值观就不会转变。如果角色不转变，工作意愿就不会转变。

第三，我们提炼和浓缩了《合伙人的行为标准》。

三、合伙人如何做

1.我们要在业绩、成本、单位时间等方面，持续地改善和精进。

2.我们要认知到企业是我们自己的，未来是靠我们自己创造的。

3.我们要敢于和损害公司利益的行为去斗争。

4.我们要主动协作，创造绩效。

5.我们要先公后私。

6.我们要意识到我们是这艘船的主人，我们要努力地去划桨，而不是划倒桨。

7.我们要持续不断地培养人才，成为团队的伯乐，激发团队的积极性。

人心，可能是世界上最靠不住的，但是一旦链接起来，也可能会成为世界上最具力量的长城。

合伙人的方案只是表象，合伙人内心的转变，企业的工作作风，团队的企业文化，才是一个企业真正的灵魂！

第六节

股权第33计之动态计：惶

激励必须是动态的，而不是静态的，要永远保持警醒，只有惶者才可以生存。

通常，激励存在着三大问题：激励失策、激励不足、激励过度。

我们经常以为公司的员工是激励不足，其实很多公司的员工是激励过度。从国企和央企来看，比如中石油，一度处于亏损状态，然而管理层的年薪依然达到了平均80多万元。

根据创业板95家企业的调研，其中87%的企业处于激励过度的状态。

什么是激励过度？很多企业的股权激励是半买半送，是静态的，员工的心态是“搭便车”的心态，根本没有与现在和未来的贡献进行挂钩。

股权激励一定是动态的，员工贡献大股权变多，贡献小，股权变少。

我们要明白股权合伙，不是一个分配机制，而是一个激励机制，可以吸引人、激活人、留住人、唤醒人。合伙更是一个发展机制，使得人可以动起来，使人有更为清晰的职业规划，随着绩效和收入的变化，带来身份和职位的变化，带来内心更多的满足感和喜悦感。

有一家公司曾请我们做顶层设计和动态合伙方案。在顶层设计的时候，我们的初步思路是把生产型企业作为成本中心，把销售型企业作为利润中心。

假如我们把销售公司估值为1000万元的话，我们就要去思考如何找到我们的联合创始人，分红分股。创始人提出："如果他们只享受，躺在功劳簿上怎么办？"这时必须要做动态股权设计，联合创始人绝对不能一劳永逸。那么都可以在哪几方面做动态设计呢？

在对我们的销售总监、营运总监、市场总监等进行考评的时候，要提出最重要的三个动态：

一、分红动态

分红动态，即绩效表现和分红动态挂钩。如：合伙人绩效表现优秀，分红1.2倍；绩效表现卓越，分红1.5倍；绩效表现良好/合格，分红100%；绩效表现待改善，分红0.7倍，这就是将绩效表现与分红动态挂钩。

附：和绩效标新挂钩的动态分红

绩效表现和分红动态挂钩，详见表4–3。

表4-3　分红比例调整方法

个人绩效系数	分红比例调整办法
0.5（不合格）	当年分红×0.5
0.7（待改善）	当年分红×0.7
1（合格）	当年分红100%发放
1.2（优秀）	当年分红100%发放，按占比享受未分完的利润
1.5（卓越）	当年分红100%发放，按占比享受未分完的利润，第二年股数增加

二、数量动态

数量动态，即工作级别和股权数量挂钩。比如合伙人是总监，升职到副总的时候，股数是可以增加的。假如合伙人降级了，降到高级经理了，那么股数将会发生减少。

三、类别动态

类别动态，如果合伙人能够持续地精进，持续陪伴公司成长，有朝一日公司上市了，我们将成立有限合伙企业和持股平台，他将从虚拟股东转为公司的注册股东，这称之为股权类别的动态调整。股权类别的动态调整通常与合伙人的绩效和时间挂钩，合伙人至少要有工作三到五年的工龄要求和工作标准。

第七节

股权第34计之组合计：拳

股权有很多种类，有分红股、虚拟股、期权、注册股、超额分红等。这些股权种类，并不是单一使用的，而是可以进行组合使用的，称之为组合拳。

在股权设计的过程中，不能只聚焦于单一的股类设计，可以进行多元的、组合的、立体化设计。

譬如：一位新任的总经理，如果只是给分红股，他没有投钱，没感觉，没有未来，没有希望。如果给注册股，就显得过于郑重。那么，可以采取分红股加上期权的方式，分红股解决今天的问题，期权解决明天的问题。

如果是分公司或者子公司的老总，可以采取注册股加上超额利润分红的方式。因为仅仅只是注册股的10%、20%，他会觉得自己是小股东，也会胡思乱想，可能会产生职务侵占。但如果他有超额分红，利润做得越高，收益就会越高，因此，他的自主动力就会强大很多。可以给他设计一个利润的超额分红阶梯表，如表4-4所示。

表4-4 利润超额分红阶梯表

利润阶梯（元）	分配比例
100万＜实际利润≤200万	30%
200万＜实际利润≤300万	40%
300万＜实际利润≤400万	50%
实际利润＞400万	60%

当合伙人意识到这家公司是他自己的，这个股权设计才会使他内心产生动力。

股权组合拳是整个股权激励设计中的最高境界了，因此要采取多元化、多维度的设计。如果是一个公司的联合创始人，可以采取虚拟股加上期权的设计，今天既要掏钱，明天也可以有机会转为公司的注册股东，这样的话，两全其美。如果仅仅是期权，而期权是多年以后行权的，合伙人没收到钱，内心是无法安定的。

在股权组合拳设计中，要考虑三个方面：昨天、今天、明天的问题。昨天要考虑：这个人跟你合作了多久，是老人还是新人。今天要考虑：这个人分的是存量还是增量，掏不掏钱？明天要考虑：是否有机会成为公司正式的注册股东？

第八节

股权第35计之财税计：法

不懂股权，不能开公司，不懂财务，不能做公司！

金税三期，国家投入了400亿元，做了一套大系统，每个人在这个系统面前都无所遁形。随着金税三期的逐步完善与全面推广，税务机关的职能已从事前、事中的监管逐步转变为事后的监管，通过掌握强大而丰富的数据对纳税人实行数据管税。

如果你的企业少记了销售收入或是隐匿了一部分销售收入，那么，金税三期可通过你的成本和费用来比对你的利润是否为负数，或是比对你开具出去的发票，收到的货款数额以及卖出的商品，或者进一步通过大数据，查询与你交易的下游企业的相关账本数据，以此比对出异常。

因此，我们要守法知法，守章明纪。

下面分享几个分钱策略：

1.老板不要不给自己发工资，而是要学会给自己发工资，比如给自己发放50万元的年薪，交纳个人所得税，来合理地分钱。

2.买车的时候，把车放在公司名下，这样可以产生费用抵扣。同时，所有的开销，油费、维修都可以成为公司的成本。

3.另一种有效的方法就是，老板再以自然人的身份成立A公司。这个A公司再持有母婴公司100%的股份，A公司的作用就是一个投资公司。当母婴公司赚到钱以后，就可以把红利分给A公司，这样就可以减少个人所得税。当然，真要把这个钱取出来的时候还需要交税的，但这个钱可以用来扩大规模和投资新的领域，也可以直接对外投资。

假如有一家母婴公司（见图4-2），这家公司的账面上有1000万元的未分配利润，那么该怎么处理呢？通常有以下几种方法：

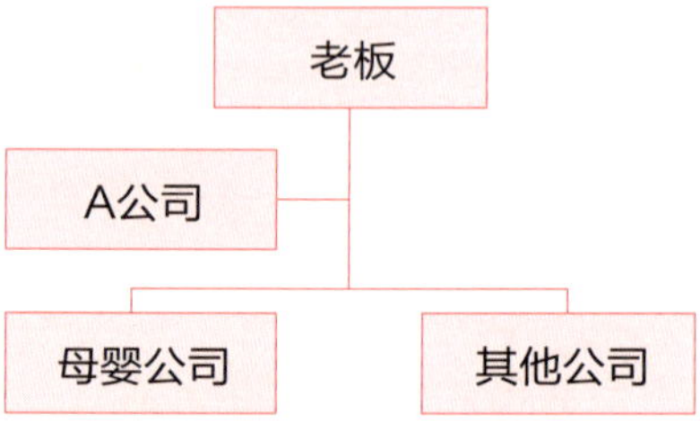

图4-2　分钱策略

（1）借款，但是借款是要归还的，如果到了一年没有归还，等同分红，要交纳20%的个人所得税。

（2）买发票套现，但是这种处理方法的风险很大，严重者会依据《刑法》第二百零五条，处以三年以下的有期徒刑以及若干的罚款。不可行。

（3）分红，股权分红如何交税？股权分红按20%缴纳个人所得税。

股权转让如何交税？参考《国税101号文件》，用获利的20%来进行交税。

老板必须要懂得税收，老板要理解如何挣钱，还要理解如何用钱、留钱和生钱。

第九节

股权第36计之盟约计：宇

这个时代，消费者不再是消费者，而是经营者，更是设计者、分享者、创业者。

你能联盟多少人，就能创造多大的事业版图，世界有无限的资源，就看你能用多少。

华为在多年前就把《华为基本法》作为华为的圣经，其中明确指出：华为主张在用户、员工与合作者之间结成利益共同体，努力探索按生产要素分配的内部动力机制。

通过互联网连接在一起的顾客，正和新兴企业一起挑战传统的行业。“核心竞争力理论”的创始人之一，普拉哈拉德提出，组织与消费者一对一的共同创造体验开始了，现在是消费者社区一对多共同创造体验变化的时代。消费者的互动模式最终会塑造价值创造的过程，挑战现有的价值创造和经营方式。

企业独立创造价值已经不再适用，企业和顾客不再具有明显的区分和差异，顾客也可以参与到价值的界定和创造过程中。例如，小米公司的手机研发创新，有180多项是由用户粉丝提出来的。

管理学家预言，企业未来的竞争将依赖一种新的价值创造方法，即以个体为中心，由消费者和企业来共同创造价值。无论是小米的理念共创还是亚马逊的共同推荐模式，组织与顾客共同创造价值，已经成为组织的必经之路。

丹麦的乐高集团是与用户共同创造价值的佼佼者，这家成立于1932年的企业，是全球最大的积木玩具生产商。最让乐高迷们着迷的是，他们可以进入乐高的创意世界，对产品进行设计、创作和分享。乐高的互动体验总监马克说："乐高工厂除了自己有100个内部设计师之外，还在全球范围内拥有30万名设计师的创意力量。"

海尔在2012年推出了婴儿家电利益共同体，很多年轻的妈妈，在给孩子泡奶的时候，很是苦恼，因为水不是烫就是凉。后来海尔决定去国内最大的母婴在线平台宝宝树孕育上面请教妈妈们，最终产生了一个制作恒温调奶器的创意，此举受到了560万名用户的关注，在产品还没有上市之前，就有了3万名用户的预约订单。

在今天商业环境不确定的情况下，唯一确定的是顾客，顾客是唯一价值的集合点。

顾客主义是一种组织成员之间价值取向的检验标准，今天让顾客来为你分享，是一个组织的标配，你的顾客如果不能成为你的合伙人，就一定会成为别人的合伙人，让顾客生成属于他自己的二维码，延伸他自己的事业，已经是商业环境的标配。

我们要从过去传统的契约关系变成盟约关系。契约是一项关系中的一小部分，一个完整的关系需要一项盟约。

盟约建立在对价值、目标、重大议题以及管理过程共同的誓愿上，我们共同的誓言就是为顾客创造价值。

我们这个地球上的人，所拥有可以用于自己关心的事情上，数万个小时的自由时间，称之为"认知盈余"。

如果你拥有一个社群，你不仅可以用社群来完成工作任务，并且可以用它来干成大事，创造财富及改变世界。

Facebook的首席运营官桑德伯格，创造了一个"向前一步"女性朋友圈。这是一个完全自运转的组织，大家相互分享经营并相互支持，在一年以后涌现出了13000多个圈子而且每周都在增加。

2007年，凯文需要对星系照片做出分类，连续五天才看完了5万张照片。而当爱好者社群出现后，25万名参与者完成了超过6000万张星系照片的分类，这就是强大的认知盈余力量。

本地汽车公司建立了汽车的DIY社群，可以自行设计概念车，本地汽车公司设计和制造汽车的速度比正常的汽车公司快了五倍，投资却仅为正常汽车公司的1%，因为他们拥有13万名活跃的社群成员，另外还有100万名潜水者，这是历史上极其强大的一股力量。

一、社群的三个目的

1.社群是用来实现使命的，而不是用来赚取现金的。

2.社群是让社群成员得到认同和认可，而不是让你的名声远扬。

3.社群不是基于短期的欲望，而是因为宏大的愿景。

现在的经济是粉丝经济。而传统经济则是先投资、做库存、做生产、做研发，再销售。

而新粉丝经济是先了解顾客的需求，再做出一个相应的产品。

比如一本名为《小时代》的书，后来拍成了电影，大家满心欢喜地去看这部电影，有的人还会告诉她的闺蜜，“这个电影中，有一段情节是我写的。”

因为《小时代》这本书在写作的时候是采用连载方式，每一篇写完后，就去了解粉丝的建议、想法。再接下来的写作中《小时代》会参考，粉丝想要让男女主角发生什么样的状态和情感，这使得大家的反馈力度和参与性非常之大。

小米公司就是先做了一个米UI论坛，首先了解顾客究竟想要一部什么样的手机，然后才开始生产制造手机。因此小米公司出版的《参与感》一书，粉丝的黏度非常之高。

我们要为客户营造非常重要的三个感：参与感、满足感、成就感。只要有了满足感、参与感，就会有成就感。然后才是客户分享的积分机制。

如果客户不认同你的口碑，如果他对你没有产生黏性和情感，我们称之为共鸣，那么任何利益的积分机制是毫无意义的。

为什么众多汽车品牌，如路虎、宝马都要举办车友会，其本质上是在粉丝间营造共鸣。如果你有1000个粉丝，每个人再帮你介绍1000个粉丝，就是10万个粉丝，可见这背后的价值是无限的。

我们曾为一家餐饮企业设计他们的消费股东合伙人计划。

这家餐饮企业曾经设计过很多的充卡计划，比如说：充1万，送1万，另外还返1万。那么在做股东计划的时候，一定要深度理解，我们为什么要做这件事情，其逻辑是什么？因此我们提出了七步曲。

二、七步曲

1.第一步曲：自我分析

我们要了解我们的盈利水平、产品特性、客户人群。

我们做的是餐饮行业，我们的利润率有多少。如果我们是美容业，那我们的利润率又有多少。同时，要了解我们产品对顾客的需求度是怎样的，比如我们经营水果生意，那水果就是刚需产品，餐饮行业也是刚需产业。如果我们从事的是教育培训行业，我们的客户就是中小微企业家，客户群就是极少数的一部分人。

你的餐厅是定位高档餐厅、中档餐厅，还是快餐式的餐厅。你首先对自我要分析，要分析客户人群是什么人，利润率有多少，一定要对这些有深刻的了解。

2.第二步曲：竞争环境

一定要了解我们的竞争环境，比如这条街有几个竞争对手，他们的价格是怎样的，他们的竞争策略是什么，他们是以服务和销售见长，还是以品质和速度见长，你必须要有深度认知。

3.第三步曲：理解客户

要准确了解我们的客户群体定位是怎样的，客户的消费实力是怎样的，不能千篇一律地送赠品。

4.第四步曲：定位需求

一定要了解顾客真正的需要是什么。我们为这家餐饮企业设计的股东计划，不必说交10万元送一个10万元的礼物，其实股东可能不需物质的东西。当我们了解了股东的需求其实是精神需求的时候，我们在设计方案的时候，就不能只停留在物质的需求上。他需要的是精神上的认同感和现实中的仪式感。

5.第五步曲：大义名分

做任何股东设计，你需要有一个大义名分，你不能莫名其妙地做活动，这样对消费者来说你的降价是随时可期的。你也不能莫名其妙地做股东的吸引，一定要告诉你的老客户，这是20周年客户的感恩回馈。这样就能够让客户感受到你的真情。

6.第六步曲：反向理论

千万不要正面引导，而是要告诉对方机会不是那么容易获得的。股东的名额是有限的，只有十个。股东的身份，必须要是企业家才行。一定要限人、限量。这样股东才会有感觉，才会珍惜。

7.第七步曲：需求升级

实际上，我们要的不是顾客，而是他成为餐厅的股东，但我们最终要的也不是股东，而是要让他成为我们的宣传大使。因此，我们整个的股权结构的设计，要不断完成身份的转换，完成身份更高层次的转化。

跋 无限游戏

诺贝尔经济学奖得主爱德·菲尔普斯在《大繁荣》一书中指出，一个国家兴盛繁荣的源泉，不是能源，也不是人才，而是现代化的价值观。例如参与创造、探索和迎接挑战的愿望，这样的价值观点燃和实现了广泛的技术创新，以及必需的经济活力。

德鲁克说："创新就是创造一种资源，并使资源创造出新的价值。"《世界是平的》这本书告诉我们，很多本来要你自己干的事情，都可以让别人来干。在世界的每一个角落都可以找到你所需要的东西，只有两样东西你是找不到的，就是你本人的激情和你本人的创意。

任何人类组织都是开放式的组织，组织之所以开放，是由于他依赖相处的环境并且与它相处的环境相互作用。封闭的系统只存在于无生命的物质世界，甚至一个生物细胞也是一个开放的系统，因为它要靠周围的环境而生存，例如吸收氧气。

只有从外部的环境中输入资源，吸收能量，才能够换来企业持续的生存和发展，边界的可渗透性越强，组织的开放程度越高。

如何建立一个与外部深度合作的机制，开放边界，是所有企业经营者的第一命题！

人究竟是理性的，还是感性的呢？

《思考快与慢》一书研究发现，每个人的大脑都是由两个系统来进行操纵的。一个是系统一，另一个是系统二。

系统一是直觉，是感知，是无意识而且是快速的，不费脑力的，几乎属于直觉和自动控制状态。

系统二是我们大脑的逻辑运算，需要消耗较多的脑力，是慢思考的过程，属于理性状态。

这个世界上大多数人，在大多数的状态下，都是属于系统一的状态，懒得动脑，属于非理性的状态，也属于认知放松的状态。而一个热血沸腾的广告，一句朗朗上口的宣传语，都会让我们的系统一自动运作。

如果环境是可以预测的，专业人士出手，那么系统一是可以解决问题的。现实中，创业者遇到的许多问题都是新问题，因此系统二的调动尤为重要。

因此，我们要注意运用我们的系统二，比如：好记性不如烂笔头，把你的问题写下来，运用思维导图。系统二解决问题时更需要专注，逐个地解决问题。

任何知识、智慧，都无法让你改变，除非你自己觉察！

褚时健74岁二次创业，承包荒山，种植橙子；稻盛和夫78岁胃癌切除手术后接管日航。创业的过程就是一个人内心的力量、心灵的力量、精神的力量！ 一个人的生命曾遇到多深的坑，他看问题就会有多深！创业的过程就是经受蹂躏的过程；创业的过程是重塑信念体系的过程。创业就是把自我统统打碎，重新整合，开启一个神奇的全新之我！

领导任何人之前，首先领导自己，全神贯注，全力以赴！

西点军校名言：“领导力就是一个人认知自己并且能够多角度看待这个世界的能力。”

股权36计，就是一个多维度的思维模式！

一个人在面对挑战时，将毕生所学付诸于行动的能力，就是知行合一。

知识不是一个名词，而是一个动词，是一种能够赋予行动，赋予生命的力量！

伍迪·艾伦说：“所有的成功都是从不缺席！”

投入，在你的游戏之中！

以人生所有者的身份来看待自己的人生！

以企业所有者的身份来看待自己所持有的股票！

祝福你联合无限资源，开启你独特、美好、丰盈的创业旅程！